Elisabeth Stiefel

Als der Himmel die Erde berührte

Wahre Geschichten von großen und kleinen Wundern

francke

Über die Autorin:

Elisabeth Stiefel ist Autorin mehrerer Bücher mit Kurzbiografien über Persönlichkeiten, die ihr Umfeld durch ihren christlichen Glauben prägten. Sie ist verheiratet, Mutter von vier Kindern und lebt mit ihrer Familie in Süddeutschland.

Bibliografische Information Der Deutschen Nationalbibliothek
Die Deutsche Nationalbibliothek verzeichnet diese Publikation in der Deutschen Nationalbibliografie; detaillierte bibliografische Daten sind im Internet über http://dnb.dnb.de abrufbar.

ISBN 978-3-96362-052-2
© 2019 by Verlag der Francke-Buchhandlung GmbH
35037 Marburg an der Lahn
Umschlagbild: © iStockphoto.com / DieterMeyrl
Umschlaggestaltung: Verlag der Francke-Buchhandlung GmbH
Satz: Verlag der Francke-Buchhandlung GmbH
Druck und Bindung: CPI books GmbH, Leck – Germany

www.francke-buch.de

Inhaltsverzeichnis

Gott schreibt auch auf krummen Linien gerade.

Paul Claudel

Vorwort

Wunder – gibt es sie überhaupt? Richtet sich unser Leben nicht nach Naturgesetzen, die seit eh und je vorgegeben sind? Haben denn die Naturwissenschaften nicht längst mit dem Thema „Wunder" grundlegend aufgeräumt? Wird die Welt nicht von Regeln bestimmt, die unumstößlich sind? Können wir heute noch Wunder erleben?

Der englische Literaturwissenschaftlicher C.S. Lewis berichtet in seinem Buch „Wunder" über die Begegnung mit einem Freund, der sich genau diese Fragen stellte. Jener Freund war überzeugt, dass die Natur von unumstößlichen, berechenbaren Gesetzen regiert werde, bei denen Wunder keinen Platz mehr haben könnten.

C.S. Lewis erzählte seinem Freund daraufhin von einer Billardkugel: Wenn eine solche Kugel von einem Queue auf eine bestimmte Art angestoßen wird und auf einer glatten, ebenen Oberfläche rollt, so lässt sich von jedem einigermaßen begabten Physiker berechnen, wie die Kugel laufen wird. Falls jedoch jemand anderes einen weiteren Stab in die Hand nimmt und der Kugel von außen einen Schubs verpasst, dann wird ihre Bahn ganz anders verlaufen, als es der Wissenschaftler vorausgesagt hat. So ähnlich kann auch die Natur und unser Leben von außen beeinflusst werden.

In diesem Buch werden Geschichten erzählt von Menschen, deren Leben einen solchen „Schubs" erhielt, sodass es eine neue, überraschende Wendung nahm, und die diesen Schubs als ein Wunder erlebten, mit dem Gott ihrem Leben eine ganz neue Ausrichtung gab.

Es sind Geschichten, in denen der Himmel die Erde berührt. Geschichten, in denen wir etwas von der Größe Gottes und von seinem Wirken erahnen können. Nicht immer ist dieses Eingreifen Gottes sofort zu erkennen und spektakulär. Manchmal nehmen wir Gottes Handeln erst auf den zweiten Blick wahr.

Diese Geschichten machen Mut, sensibel zu werden für Gottes Eingreifen und seine Liebe in unserem eigenen Leben wahrzunehmen. Sie machen Mut, die großen und kleinen Wunder zu entdecken, die in unserem eigenen Leben und um uns herum täglich passieren.

„Wunder sind sichtbare Zeichen göttlicher Gnade", sagte der Kirchenvater Augustinus einst.

Es lohnt sich, auf diese Zeichen Gottes in unserem Leben zu achten, denn Gott tut heute noch Wunder, jeden Tag.

Elisabeth Stiefel

Die Entstehung der Losungen

Nikolaus von Zinzendorf (1700–1760)

Es war eine erbärmliche Menschenansammlung, die der Jurist Nikolaus Graf von Zinzendorf und seine Frau Erdmuthe Dorothea am 22. Dezember 1722 auf dem Hutberg in der Nähe ihres Gutes Berthelsdorf antrafen. Das gräfliche Ehepaar war unterwegs von Dresden, wo der Graf eine Anstellung als Justizrat innehatte, zu seinem Gut, um dort das erste gemeinsame Weihnachtsfest nach seiner Hochzeit zu feiern.

Und nun, kurz vor dem Ziel auf dem Hutberg, begegneten sie völlig unerwartet diesen Flüchtlingen, die sich hier offensichtlich niedergelassen hatten. Zwar hatte der Verwalter Zinzendorfs schon vor einiger Zeit um die Erlaubnis gebeten, Religionsflüchtlingen auf dem Gelände Unterschlupf bieten zu dürfen, was der Graf gerne erlaubt hatte. Er war aber nun doch erstaunt, als er plötzlich diesen Menschen persönlich gegenüberstand.

Beeindruckt stiegen Graf und Gräfin aus der Kutsche und unterhielten sich mit den Menschen, die sich auf dem Land der Zinzendorfs niedergelassen hatten. Der Graf, der gerne seine Erlebnisse in Reime goss, hielt auch diese Begegnung in einem Gedicht fest:

Wir fragten: Wem ist dieses Haus?
Die Leute sprachen: Euer;
Da stiegen wir geschwind heraus
Und wärmten uns am Feuer.
Wie war doch unser Herz entbrannt,
Da Pilger vor uns standen,
Die weit weg von ihrem Vaterland
Die freie Gnade fanden.

Den Menschen, die aufgrund ihres Glaubens vor Verfolgung geflohen waren, auf seinem Land eine neue Heimat anzubieten, war ganz im Sinne des frommen Grafen. Er nannte die entstehende Siedlung auf dem Hutberg „Herrnhut", denn sein Wunsch war es, dass dieser Ort unter der Obhut Gottes, des Herrn, wachsen und gedeihen sollte.

Sehr unterschiedliche Glaubensflüchtlinge fanden ihren Platz in der neuen Kolonie. Sie kamen aus allen Richtungen, waren geprägt von den verschiedensten protestantischen Denominationen und hatten die unterschiedlichsten Berufe. Es kamen Familien und Alleinstehende, Junge und Alte. Schnell vermehrte sich die Zahl der Migranten: 1727 lebten bereits 300 Menschen in Herrnhut.

Angesichts dieser Vielfalt war es nicht verwunderlich, dass es auch immer wieder zu Spannungen und Konflikten kam. Doch Graf von Zinzendorfs Vision war ein harmonisches friedliches Miteinander von Protestanten unterschiedlichster Herkunft und Glaubensrichtungen. Er überlegte angestrengt, wie er dieses Miteinander der Bewohner fördern konnte. Schließlich entstand die Idee einer gemeinsamen Parole, angelehnt an einen militärischen Brauch: Dort war es üblich, dass am Vorabend eines Tages eine Parole ausgegeben wurde, mit der sich ein Soldat bei den eigenen Wachen ausweisen konnte. Am 3. Mai 1728 bei der abendlichen Versammlung in Herrnhut verkündete Nikolaus Ludwig Graf von Zinzendorf der Gemeinde ein kurzes Wort für den kommenden Tag. Es handelte sich um den von ihm verfassten Liedvers: „Liebe hat ihn hergetrieben, Liebe riss ihn von dem Thron, und wir sollten ihn nicht lieben?"

So begann die beispiellose Erfolgsgeschichte der Herrnhuter Losungen.

Zunächst gingen einige Menschen jeden Tag von Tür zu Tür und gaben die Tagesparole, das Wort für den Tag, mündlich weiter. Häufig blieb es nicht bei diesem kurzen Wort. Es kam zu Gesprächen, man lernte sich kennen, es entstanden gute Kontakte und Begegnungen. Die Losungen wurden zu einem wichtigen Kommunikationsmittel, auf das die neu gegründete Gemeinde nicht mehr verzichten wollte. Graf von Zinzendorf nannte sie „fortgesetzte Gespräche des Heilands mit der Gemeinde". 1731 wurde die erste gedruckte Losung herausgegeben. Seit jenem Jahr erscheinen die Losungen ohne Unterbrechung, inzwischen in über 60 Sprachen, jährlich in Millionenauflage.

War es 1728 noch ein einzelner Liedvers, später ein Bibelvers, so besteht die Losung heute aus je einem Vers aus dem Alten und Neuen Testament sowie einem kurzen Zitat. Der alttestamentliche Vers wird aus 1824 Bibelversen drei Jahre vor dem Erscheinen der Losungen ausgelost. Die Bibelstelle aus dem Neuen Testament wird passend dazu ausgewählt und mit einem Gebet oder Liedvers ergänzt.

Diese Verse haben für Millionen Menschen eine große

Bedeutung, begleiten sie durch den Tag, ermutigen und trösten. Gott redet zu uns durch sein Wort, und dieses Wort, das in Herrnhut drei Jahre zuvor gezogen wurde, spricht viele Menschen an.

Die Losungen entwickelten sich weltweit zu einem Weltbestseller und verbinden auf diese Art – ganz im Sinne von Nikolaus Graf von Zinzendorf – Christen auf der ganzen Welt.

Quellen:

https://www.losungen.de, abgerufen am 06.12.2018.

Ludwig, Ralph: *Der Herrnhuter. Wie Nikolaus Zinzendorf die Losungen erfand.* Wichern-Verlag, Berlin 2009.

Geiger, Erika: *Nikolaus Graf von Zinzendorf. Der Erfinder der Herrnhuter Losungen. Seine Lebensgeschichte.* Hänssler-Verlag, Neuhausen 1999.

Der Feuerprediger aus Island

Jón Steingrímsson (1728–1791)

„Erdbeben leiteten das Unheil am Pfingsttag 1783 ein, trieben die Bauern aufs freie Feld, wo sie in Zelten hausten. Nach einer Woche stiegen unter Donnerschlägen riesenhafte Aschenwolken himmelan. Dem folgte die Lava, füllte glutfließend, die Wasser in Dampf verwandelnd, die Strombetten. Aus über 22 Ausbruchsstellen loderten hohe Flammensäulen. (…) Die Flut des Feuers ergoss sich mit der Geschwindigkeit eines großen, durch das Schmelzwasser angeschwollenen Flusses an einem Frühlingstag. In der Mitte der Feuerflut wurden große Felsen und Steinblöcke mitgeschwemmt, die sich wie riesige Wale beim Schwimmen tummelten, glutrot und leuchtend. (…) Der faule Geschmack der Luft, bitter wie Seetang und nach Fäulnis stinkend, war tagelang so intensiv, dass die Menschen kaum atmen konnten. Außerdem drang das Sonnenlicht nicht mehr durch. Alles war von Dunst eingehüllt. Erstaunlich, dass Menschen noch eine weitere Woche überleben konnten."

Mit diesen Worten schilderte der isländische Pfarrer Jón Steingrímsson 1783 den Beginn der größten Naturkatastrophe Islands. Es handelte sich um die Eruption eines rie-

11

sigen Spaltenvulkans südlich des Laki-Berges mit über 100 Kratern. Der Vulkan erbrach innerhalb der folgenden sieben Monate den größten Lavastrom der Neuzeit. Aus zehn Spalten bahnte sich der glühend heiße Strom seinen Weg gen Süden bis nach Kirkjubæjarklaustur. Die Lava-Feuersalven stiegen bis zu 1,5 km hoch in die Luft. Riesige Fontänen aus Asche und Gas standen fast 13 km hoch über Südisland. 15 Kubikkilometer Lava ergossen sich über das Land, 122 Millionen Tonnen Schwefeldioxid sowie Millionen Tonnen von Fluor verpesteten die Luft. Dadurch wurden Ernte, Vieh und Menschen auf der Insel im hohen Norden vergiftet. Der Vulkanausbruch löste eine Tragödie aus, die ganz Europa in Mitleidenschaft zog und auf dem gesamten Kontinent Not und Elend verursachte.

Etwa acht Monate lang war der Laki-Vulkan aktiv. Aus der Vulkanasche entwickelte sich ein schwefelhaltiger, giftiger Regen mit verheerenden Folgen. In Island fielen massenhaft tote Vögel vom Himmel. Tiere und Pflanzen wurden zerstört, ein Drittel der Bevölkerung Islands fiel dieser Naturkatastrophe zum Opfer. Die gefährlichen Aschewolken verbreiteten sich über ganz Europa. Ein dunkler Smog verdunkelte den Himmel, schirmte Sonnenstrahlen ab und ließ die Temperaturen bis auf 26 Minusgrade fallen. Als im Februar ein Wärmeeinbruch die Gewässer schmelzen ließ, überflutete das Hochwasser Städte, Dörfer und Felder. Als weitere Folge begleitete eine riesige Hungersnot diese größte Naturkatastrophe der frühen Neuzeit. Zehntausende Menschen starben in Großbritannien und auf dem europäischen Kontinent. Möglicherweise waren die aus dieser großen Not resultierenden sozialen Unruhen einer der Auslöser für die Französische Revolution.

Zu Beginn des Ausbruchs, im Juni 1783, war die Katastrophe noch lokal begrenzt. Die gewaltige Lavamasse bedrohte das Dorf Kirkjubæjarklaustur im Südosten Islands. Das Szenario war furchterregend: Unaufhörlich strömte der riesige Lavastrom auf die Häuser zu und drohte das ganze Dorf unter sich zu begraben. Einige der zum Teil sehr großen Bauernhöfe, die außerhalb des weit verstreuten Ortes lagen, hatte die heiße Masse bereits unter sich begraben. Immer weiter spuckte der Vulkan und schickte seine riesige, todbringende Lavamenge über das Land. Die Katastrophe schien kein Ende zu nehmen. Nirgendwo war Rettung in Sicht. Die furchtbaren Feuersalven waren kilometerweit zu sehen und die gigantischen Säulen aus Asche und Gas standen hoch über Südisland. Die giftige Luft verätzte die Lungen, sodass man kaum noch Atem holen konnte.

Die Bewohner von Kirkjubæjarklaustur hatten Todesangst; sie wollten fliehen, doch sie wussten nicht wohin. Die Not war unbeschreiblich. Angesichts dieser furchtbaren Bedrohung rief Pfarrer Steingrímsson aus Kirkjubæjarklaustur die Mitglieder seiner Gemeinde am 20. Juni 1783 auf, sich in der Dorfkirche zu versammeln. Für die Menschen schien dieser Ort die einzige Zuflucht zu sein vor dem sicheren Untergang.

Im Bewusstsein der sich anbahnenden Katastrophe wandte sich Jón Steingrímsson an die Menschen, die sich in ihrer schrecklichen Not in die Kirche geflüchtet hatten. Seine Rede traf die Zuhörer ins Herz. In ergreifenden Worten ermutigte und ermahnte er seine Zuhörer:

„Lasst uns zu Gott beten in echter Frömmigkeit, auf dass er uns nicht zerstöre. Jede und jeder möge beten ohne

Furcht. Jede und jeder möge aber auch bereit sein zu sterben, wenn es sein Wille ist. Nicht unserem, sondern seinem Namen sei Ehre und Preis. Einige von uns redeten gottlose Worte voller Zorn und handelten schlecht, aber selbst diese Menschen werden demütig und beharrlich. Allein Gott sei Ehre! Ruft zu Gott und leidet geduldig, was er uns auferlegt. Gott macht alle Dinge gut und tut kein Unrecht. Er weiß besser als die Menschheit, was für sie gut ist. Gebt Gott die Ehre und preist seinen heiligen Namen."

Die Gemeinde betete mit ihrem Pfarrer und erlebte, dass Gott ihr Gebet erhörte und eingriff. Die Menschen konnten es kaum fassen, als das Wunder geschah: Noch während der Predigt versiegte der riesige Lavastrom direkt vor dem Gotteshaus von Kirkjubæjarklaustur. Die Kirche wurde verschont und die Menschen, die dort Zuflucht gefunden hatten, waren gerettet.

Bis heute ist diese legendäre Predigt in Island unter dem Namen „Die Feuerpredigt" bekannt und unvergessen. Als „Feuerprediger" ging Jón Steingrímsson in die Geschichte Islands ein. An ihn erinnert noch heute eine Kapelle in Kirkjubæjarklaustur.

Quellen:

Steingrimsson, Jon: *Fires of the Earth.* Haskolautgafan, Reykjavik, 1998.

https://www.focus.de/wissen/natur/tid-17957/vulkanausbruch-acht-monate-lang-kein-tageslicht_aid_500259.html, abgerufen am 06.12.2018.

Der schwäbische Leonardo da Vinci

Philipp Matthäus Hahn (1739–1790)

Man schrieb das Jahr 1747. Der kleine Philipp Matthäus Hahn machte sich jeden Morgen schon früh auf den Weg zur Schule. Über sechs Kilometer lang war sein Schulweg vom Pfarrhaus im schwäbischen Scharnhausen bis zur Lateinschule in Esslingen. Im Winter ging der Achtjährige in der Dunkelheit los. Nur die Sterne und der Mond leuchteten und er konnte seinen Gedanken und seiner Fantasie freien Lauf lassen. Im Sommer marschierte er im Sonnenlicht zur Schule und beobachtete dabei das sich verändernde Licht.

Philipp entdeckte auf seinem Schulweg vielerlei, wenn er den Himmel betrachtete. Vor allem aber entdeckte er seine Liebe zu den Gestirnen, eine Leidenschaft, die ihn sein Leben lang begleiten sollte und die ihn später zum Erfinder von Sonnenuhren, Teleskopen und seiner berühmten „Weltmaschine" werden ließ.

Im Scharnhauser Pfarrhaus ging es ärmlich zu; dass der

Vater Alkoholiker war, machte das Leben zusätzlich schwer. So war der Junge Hunger und Entbehrungen von klein auf gewohnt.

In Sprachen unterrichtete der Vater seinen Sohn selbst. Um den Unterrichtsstoff anschaulicher zu machen, zeichnete er mit einem Bleistift Bilder vor, die der Junge farblich ausgestaltete. Wenn an schönen Tagen die Sonne während dieser Unterrichtsstunden auf das Zeichenblatt fiel, beobachtete Philipp immer wieder den Verlauf des Schattens und machte sich dazu seine Gedanken. Die Veränderung des Lichteinfalls faszinierte ihn auf jeden Fall mehr als lateinische Konjugationen. Mit außerordentlicher Geduld setzte er seine Betrachtungen fort und notierte sorgfältig die Längen und die Wanderungen der Schatten. Bald dehnte er seine Untersuchungen aus; er beobachtete die Nägel an der Hauswand und erforschte, wie sich die Schatten mit jeder Stunde und an den verschiedenen Tagen immer wieder veränderten. Dass es ihm zunächst nicht gelang, ein System hinter dem unterschiedlichen Schattenwurf zu ergründen, ärgerte den ungeduldigen jungen Forscher außerordentlich. Er musste unbedingt diesem Phänomen auf den Grund gehen! Immer wieder machte er Aufzeichnungen, suchte in der Bibliothek seines Vaters nach Unterlagen und fand dort schließlich eine Sternkarte, die er auf einen Karton kopierte. So konnte er wenigstens sein Wissen über Astrologie erweitern und auch den Lauf der Sonne verstehen.

Das Geschenk eines Esslinger Konstablers brachte schließlich den Durchbruch. Es veränderte das Leben von Philipp Matthäus Hahn grundlegend. Konstabler – so hießen damals die Büchsenmacher – waren im 18. Jahrhundert gut verdienende Männer in einer Reichsstadt wie Esslingen, in der Militär stationiert war. Sie stellten Waffen her und beaufsichtigten die Verteidigungsanlagen. Ein solcher Konstabler, der selbst Sonnenuhren herstellte, schenkte dem begabten Jungen ein Büchlein des Lindauer Pfarrers Johannes Gaupp über Sonnenuhren.

Philipp Matthäus Hahn war fasziniert. Mit Begeisterung schrieb er Tag und Nacht aus der Schrift ab und malte die Zeichnungen nach, ohne diese zunächst zu verstehen, wie er selbst in seinen Memoiren bekannte. Doch nach und nach erschloss sich ihm der Inhalt und er begann nun seinerseits, Sonnenuhren herzustellen.

Wegen seiner Alkoholsucht wurde der Vater 1756 nach Onstmettingen versetzt. Philipp, mittlerweile 17 Jahre alt, kam nach Tübingen zum Theologiestudium. Von seinem Elternhaus war während des Studiums nur wenig Unterstützung zu erwarten. So hungerte er sich durch und verdiente sich etwas dazu mit dem Bau von Sonnenuhren und Teleskopen.

In den Ferien lernte er in Onstmettingen in dem Lehrer Philipp Gottfried Schaudt einen Gleichgesinnten kennen. Die beiden Freunde fertigten um die Wette Sonnenuhren aller Art, schliffen Gläser und setzten Fernrohre zusammen. Es entstand eine intensive Zusammenarbeit.

Die Saat, die der Esslinger Büchsenmacher gelegt hatte, ging auf: Aus dem wissbegierigen Jungen wurde ein begnadeter Ingenieur, der neben seinem Pfarrberuf immer wieder neue Uhren und Messsysteme entwickelte.

Nach dem Studium vertrat Philipp Matthäus Hahn den Theologen Friedrich Christoph Oetinger als Lehrer in Herrenberg – und lernte in ihm einen der Begründer des schwäbischen Pietismus kennen.

Dessen ganzheitliche Sicht von Geist, Kosmos und Philosophie dürfte Hahn dazu inspiriert haben, seine „Weltmaschinen" zu bauen. Diese Uhren zeigten die Zeit an, die Stellung der Gestirne und mehr. Sie hatten einen Kalender, der über Jahrzehnte genau bis zum Jahr 1836 ging, denn exakt für diesen Tag hatte der Theologe Albrecht Bengel den Untergang der Welt berechnet. Dass sich Albrecht Bengel mit seinen Berechnungen getäuscht hatte, erlebte Philipp Matthäus Hahn nicht mehr. Aber seine Weltmaschinen erregten weit über die Grenzen Deutschlands hinaus Aufmerksamkeit. Ein Exemplar verkaufte er sogar in die USA nach Pennsylvania; eine durfte er Kaiser Leopold II. vorführen.

Für den Bau dieser Uhren entwarf Hahn eigene Rechenmaschinen, die heute als entfernte Vorläufer des Computers gelten. Ausgerechnet in jener Esslinger Schrift über Sonnenuhren, die Hahn einst als junger Mann in die Hände bekommen hatte, kommt häufig das lateinische Wort „computare" in der Bedeutung „rechnen" vor – anstatt des damals üblichen „numerare" für „zählen".

Sein Leben lang baute Hahn Uhren und veröffentlichte als Pfarrer unzählige theologische Schriften. Auf diese Weise konnte er seinen vielfältigen Begabungen auf beeindruckende Weise gerecht werden. Eine Mathematikprofessur, die ihm Herzog Karl Eugen von Württemberg antrug, schlug er aus, weil er mehr innere Beruhigung empfinde, wenn er in unvergänglichen Dingen auf die Ewigkeit als in vergänglichen auf die gegenwärtige Zeit wirken dürfe.

Für Philipp Matthäus Hahn stand fest, dass sich Gott

von Ewigkeit her vorgenommen hat, seinen Liebesplan in der Welt umzusetzen. Er war überzeugt: „Gott will das ganze Schöpfungsall mit seiner Herrlichkeit füllen" – und der Mensch darf im Kleinen nachbauen, was Gott im Großen vorgebaut hat.

Quellen:

Paulus, Rudolf und Schäfer, Gerhard (Hrsg.): *Aus den Tagebüchern von Philipp Matthäus Hahn. In Erwartung der Königsherrschaft Christi.* Ernst-Franz-Verlag, Metzingen 1989.

Munz, Albrecht: *Philipp Matthäus Hahn. Pfarrer, Erfinder und Erbauer von Himmelsmaschinen, Waagen, Uhren und Rechenmaschinen.* Thorbecke-Verlag, Sigmaringen 1977.

Stuttgarter Zeitung, 12.02.2016.

Eine erfolgreiche Zusammenarbeit

Gustav Werner (1809–1887)
und Wilhelm Maybach (1846–1929)

Mit stockender Stimme hielt der junge Vikar Gustav Werner die Traueransprache. Es brach ihm fast das Herz, als er in die leeren Augen der sechs Waisen blickte, deren Mutter er an diesem Tag auf dem Walddorfer Friedhof zu beerdigen hatte. Sie war eine Tagelöhnerin gewesen, die nur mit großer Mühe das Nötigste zusammengebracht hatte, um die Familie nach dem Tod ihres Mannes wenigstens halbwegs über die Runden zu bringen. Nun standen ihre Kinder ganz allein auf der Welt. Was sollte nur aus ihnen werden? Mit drängenden Worten ermahnte Vikar Werner die Trauergemeinde, sich der Waisen anzunehmen. Doch er blickte in versteinerte Mienen.

Seufzend verließ der junge Mann den Friedhof. Niemand hatte sich bereit erklärt, wenigstens eines der Kinder bei sich aufzunehmen. Irgendwie konnte er die Menschen sogar verstehen, die schweigend um das Grab gestanden hatten. Die Not war allgegenwärtig. Einen weiteren Esser durchfüttern zu müssen, würde jede dieser Familien zusätzlich noch mehr belasten; die meisten hatten selbst nicht genug für die eigenen Kinder.

Plötzlich stockte Gustav Werner. Beschämt ließ er die letzten Stunden noch einmal Revue passieren. Wie konnte er seine Gemeinde zur Nächstenliebe auffordern, ohne selbst als gutes Beispiel voranzugehen? „Was nicht zur Tat wird, hat keinen Wert." Wie oft schon hatte er sich selbst und anderen dieses Lebensmotto schon gepredigt. Nun wurde ihm bewusst, dass er dies auch vorleben musste. Ein kühner Entschluss stahl sich in seine trübsinnigen Gedanken und nahm immer mehr Gestalt an: Er selbst würde eines der Waisenkinder bei sich aufnehmen und als gutes Beispiel vorangehen.

Diese Entscheidung wirkte wie eine Initialzündung. Nun waren auch andere Gemeindeglieder bereit, sich einzubringen.

Für Gustav Werner selbst war dies der Beginn einer Lebensaufgabe, denn das Schicksal jener sechs Waisen auf dem Walddorfer Friedhof war kein Einzelfall. Engagiert schritt er zur Tat und gründete eine Kinderrettungsanstalt. Das Elend der unzähligen verlassenen, chancenlosen und hungernden Kinder war in den ersten Jahrzehnten des 19. Jahrhunderts grenzenlos. Unmöglich konnte er dieser Not tatenlos zusehen.

Doch mit diesem einen Projekt war es nicht getan. Neben dem Waisenheim initiierte Gustav Werner bald eine Betreuungsmöglichkeit für vernachlässigte Kinder von Tagelöhnern sowie eine Industrieschule, in der Mädchen stricken und nähen lernen konnten – für damalige Verhältnisse sehr innovative Einrichtungen.

Aber das soziale Engagement des jungen Vikars stieß nicht überall auf Zustimmung. Um Spenden für sein Sozialwerk zu sammeln, begann er zum Missfallen der Kirchenleitung, auch außerhalb seiner Gemeinde zu predigen und sein Anliegen der Öffentlichkeit vorzustellen.

Als ihm schließlich das Spendensammeln verboten wurde, gab Gustav Werner seine Vikarstelle auf und wagte mit zwei Mitarbeiterinnen einen Neuanfang. Es war schon ein merkwürdiger Treck, der sich am 14. Februar 1840 in Bewegung setzte: Der 30-jährige Gustav Werner zog mit zehn Waisenkindern und zwei Mitarbeiterinnen von Walddorf ins zwanzig Kilometer entfernte Reutlingen, nachdem er bei der Kirche in Ungnade gefallen war. Die gesamte Habe für den Neustart passte auf einen Leiterwagen. In Reutlingen bezog die ungewöhnliche Gruppe eine Fünfzimmerwohnung. Dies war der Beginn eines umfassenden Werkes zur Unterstützung und Hilfe für Waisen und behinderte Menschen.

Auf der Suche nach Arbeitsmöglichkeiten für die ihm anvertrauten Jugendlichen gründete Gustav Werner im Lauf der Jahre Fabriken und entwickelte völlig neue soziale und wirtschaftliche Konzepte. Unzählige benachteiligte Menschen erhielten und erhalten in dem Werk, das Gustav Werner gründete und das bis heute als Stiftung unter dem Namen „BruderhausDiakonie" weitergeführt wird, die Chance für ein würdiges Leben.

Einer von diesen Menschen war Wilhelm Maybach. Am 20. Mai 1856 konnte man im „Stuttgarter Anzeiger" einen verzweifelten Aufruf lesen: „Bitte an edle Menschenfreunde für fünf vater- und mutterlose Knaben im Alter von 12 bis 4 Jahren".

Der Schreiner Carl Maybach war mit seiner Familie von Heilbronn nach Stuttgart gezogen, da er sich dort bessere Lebensbedingungen erhofft hatte. Aber innerhalb von drei Jahren starben sowohl Carl Maybach als auch seine Frau und hinterließen die fünf Kinder als Vollwaisen. Wohlmeinende Freunde suchten mit der Anzeige nach Hilfe für die verwaisten Söhne. Auch hier konnte Gustav Werner helfen, indem er den jungen Wilhelm in sein Werk aufnahm.

„In Reutlingen fühlte ich mich durch gute Kameraden und den groß angelegten Betrieb in Landwirtschaft, allerlei Handwerk, einer Papierfabrik, einer Maschinenfabrik und eigener Schule bald heimisch und durch die liebevolle Behandlung verging mein Heimweh", erinnerte sich Wilhelm Maybach später.

Zunächst sollte Wilhelm nach seiner Schulausbildung Konditor werden. Doch Gustav Werner erkannte die außergewöhnliche technische Begabung des Jungen und förderte sein Talent. Wilhelm Maybach machte eine Ausbildung als technischer Zeichner in der von Gustav Werner gegründeten Maschinenfabrik. Zusätzlich erhielt er noch Unterricht in Mathematik, Physik und Fremdsprachen. Doch die Ausbildung sollte nach Gustav Werners Vorstellung mehr als nur reine Wissensvermittlung umfassen. Wilhelm Maybach beschrieb seinen Alltag so: „Jede Stunde des Tages wurde ausgenutzt durch Schulbesuch, Schulaufgaben, Arbeiten im Feld und Garten und im Stalle; im Winter auch mit Häkelarbeiten, ferner durch gemeinschaftliche Spiele im Hof und durch Turnen."

Bald wurde in der Maschinenfabrik Wilhelms Erfindergeist geweckt und er konnte sein erstes Patent anmelden, dem etliche weitere folgten. Ja, man sagte sogar, er könne auf Kommando erfinden!

In Reutlingen traf Wilhelm Maybach auf Gottlieb Daimler, den Leiter der Maschinenfabrik – eine Begegnung, die ungeahnte Folgen haben sollte. Denn Daimler und Maybach schrieben Industriegeschichte. Die beiden bildeten ein unschlagbares Team, deren bahnbrechende Konstruktionen und Entwicklungen dem Automobil zum weltweiten Durchbruch verhalfen.

Wilhelm Maybach entwickelte sich zum genialen Motoren- und Fahrzeugbauer, dem die Franzosen 1902 sogar den Titel „König der Konstrukteure" verliehen. Und die Grundlage für sein Lebenswerk wurde während seiner Ausbildung in dem von Gustav Werner gegründeten Werk gelegt.

Quellen:

Krauß, Paul: *Gustav Werner und seine Hausgenossen. Geschichte einer christlichen Genossenschaft des 19. Jahrhunderts.* Brunnquell-Verlag, Metzingen 1977.

Gott im Maschinensaal. Die Gustav-Werner-Stiftung im Spiegel der Zeit. BruderhausDiakonie, Reutlingen 2005.

Haug, Martin: *Die einen guten Kampf gekämpft.* Calwer-Verlag, Stuttgart 1969.

Die Reise zur
ältesten Bibel der Welt

Konstantin von Tischendorf (1815–1874)

Er war ein begabter Mann, dieser 29-jährige Konstantin Tischendorf, der sich im Mai 1844 zu einer langen und nicht
ungefährlichen Reise zur Sinai-Halbinsel aufmachte – auf
der Suche nach Handschriften, die die ursprüngliche Gestalt
des Neuen Testaments belegen sollten. Als Theologe und
Forscher hatte sich der junge Tischendorf bereits einen Namen gemacht. Seine ungewöhnlich gute Sehkraft war legen-
där und hatte ihm bei der Entzifferung von alten, nur schwer
lesbaren Papyrusschriften schon gute Dienste erwiesen. Auch
dass er zielstrebig war und sich nicht so schnell durch Miss-
erfolge aus der Bahn werfen ließ, hatte er bereits eindrucks-
voll unter Beweis gestellt. Nun war der junge Mann also auf
dem Weg Richtung Osten.

Dabei hatte er nur eines im Sinn: Er wollte die älteste Bi-
belhandschrift der Welt finden.

Zur Zeit Tischendorfs wurden die meisten Schriften der
Bibel von berühmten Theologen infrage gestellt. Viele neu-
testamentlichen Texte, insbesondere die Evangelien, wurden

zu Schriften erklärt, die erst in späteren Jahrhunderten verfasst worden und daher wenig aussagekräftig und zuverlässig seien. Diese Kritik erschütterte den jungen Wissenschaftler zutiefst, sodass er es sich zur Aufgabe machte, sie zu entkräften. Mit einer Abschrift, die so kurz wie möglich nach der ursprünglichen Abfassung der Bibeltexte gefertigt worden war, wollte er die Echtheit der Bibel und die ursprüngliche Gestalt des Neuen Testaments nachweisen.

Der junge Theologe aus dem Vogtland hatte sich bereits seit Jahren einen hervorragenden Ruf unter Theologen und Bibelforschern erarbeitet. Hatte er doch schon 1842 in Paris, wo sich eine der bis dahin ältesten Bibelabschriften befand, schier Unglaubliches geleistet. Mit dieser wertvollen Handschrift, die sich in der Pariser Nationalbibliothek befand, war im 12. Jahrhundert sehr unsachgemäß umgegangen worden: Die Mönche damals hatten Texte eines syrischen Gelehrten abschreiben wollen. Da ihnen jedoch das Geld für neue Pergamente fehlte, radierten sie kurzerhand die alte Bibelabschrift aus dem 5. Jahrhundert aus, um sie mit neuen Texten zu überschreiben. Erst in späteren Jahrhunderten entdeckte man unter den Schriften aus dem 12. Jahrhundert die weitaus ältere Bibelabschrift aus dem 5. Jahrhundert. Viele Forscher hatten bereits vergeblich versucht, diesen Text zu entziffern. Mittlerweile galt sie als unlesbar und unwiederbringlich verloren. Aber Tischendorf fand sich mit dieser Information nicht ab. Von 1840 bis 1842 beschäftigte er sich mit dieser Handschrift. Ihm gelang es zum großen Staunen der Gelehrtenwelt, das schwierigste Manuskript der Welt zu entziffern. Ein unglaublicher Erfolg, der Konstantin Tischendorf viel Respekt einbrachte, mit dem er sich jedoch nicht zufriedengeben wollte. Der abenteuerlustige Theologe verfolgte ein weit größeres Ziel.

Im Dezember 1843 schrieb er an seine Verlobte Angelika: „Das Kultusministerium hat mich aufs Glänzendste in Stand gesetzt, in den Orient zu reisen. Ich habe diese Nachricht mit Tränen des Entzückens empfangen. Es war mir, als ob ich einem großen heiligen Christfest entgegenginge. Wie segnet mich Gott! ... Von hier in Verona will ich nach Mailand, im Januar nach Turin, im Februar zum letzten Mal nach Florenz, im März nach Livorno, von wo ich mich einschiffen werde nach Alexandrien, dann zum Sinai, Jerusalem, Konstantinopel, zum heiligen Berg Athos, um dann über Griechenland nach Triest und nach Leipzig zurückzukehren."

Eine solche Reise war im 19. Jahrhundert ein unglaubliches Unternehmen, das große Aufmerksamkeit erregte, viel Geld kostete und auch nicht ungefährlich war. Doch dies alles hielt den 29-jährigen Bibelforscher nicht von seinem Vorhaben ab.

Im April 1844 setzte er von Livorno aus nach Alexandrien über und reiste mit einer Beduinenkarawane über Ägypten zu einem der ältesten Klöster der Welt auf den Sinai. Dort, so hoffte er, würden noch weitaus ältere Bibelabschriften zu finden sein als bisher der Theologie zur Verfügung standen. Dieses über 1.300 Jahre alte Kloster war während kriegerischer Auseinandersetzungen niemals zerstört worden. Auf diese Tatsache gründete sich Tischendorfs Hoffnung, dort alte Handschriften des Neuen Testaments zu finden.

Es war eine Reise, wie sie der junge Forscher noch nie unternommen hatte, voller unerwarteter Ereignisse. Von Kairo aus wurde er von einem Dolmetscher, drei Beduinen und vier Kamelen begleitet. Die Hitze war fast unerträglich.

Gleich am ersten Tag, nachdem er Kairo verlassen hatte, passierte ein Zwischenfall: Ein Windstoß fegte den Sonnenhut vom Kopf Tischendorfs. Ohne Sonnenschutz konnte er jedoch in der Gluthitze nicht weiterreisen, ohne sein Leben zu riskieren. Vergeblich jagten die drei Beduinen dem Hut nach. Die Karawane musste schließlich wieder umkehren. Erst am folgenden Morgen fanden sie die Kopfbedeckung, sodass die Reise fortgesetzt werden konnte.

Da der Suezkanal noch nicht existierte, mussten die Reiter mit den Kamelen durchs Rote Meer waten. Zwölf Tage lang durchquerte die Gruppe die Wüste, beeindruckt von der sich immer wieder verändernden Landschaft. Endlich entdeckten sie in der Ferne die Gipfel des Sinai-Gebirges.

Ergriffen von dem Bild, das sich ihm bot, schrieb Tischendorf: „Wie herrlich ist der Sinai und alles, was ihn umgibt! Etwas Großartigeres habe ich nie im Leben gesehen als diese hochragenden, himmelhoch getürmten Felsmassen aus Granit, aus denen die ganze Sinaigruppe besteht."

Eine riesige, massive Klosteranlage mit Kapellen, Wirtschaftsgebäuden, Treppen, Gängen und Mauern erhob sich vor der Reisegruppe. Einen Eingang konnte man jedoch leider nicht finden.

Tischendorf ritt suchend um das Monument herum und entdeckte schließlich in zehn Metern Höhe eine Luke im Mauerwerk. Konnte das die Lösung seines Problems sein? Auf seine Rufe hin wurde ein Korb heruntergelassen. Tischendorf legte ein Empfehlungsschreiben hinein, das er vom Kairoer Tochterkloster erhalten hatte. Offensichtlich wurde es akzeptiert. Kurze Zeit später konnte er nochmals ein Seil erkennen, diesmal mit einem Querbalken, auf dem er Platz nahm und nach oben gezogen wurde.

Freundlich wurde der Theologe empfangen, stolz führten ihn die Mönche in der ganzen Anlage herum. Das Kloster war beeindruckend. Geduldig folgte der Besucher den Ausführungen, doch im Grunde hatte er nur einen Wunsch: endlich die Schriften des Klosters zu sehen.

Schließlich durfte er den Zweck seiner Reise, die Bibliothek, betreten. Kyrillos, der Bibliothekar, zeigte alles, was der fremdländische Besucher zu sehen wünschte. Doch das erklärte Ziel, die erhofften alten Handschriften, waren nirgends zu entdecken. Tischendorf war zutiefst enttäuscht. Waren die Reise, der Aufwand, die Hitze, die Gefahr – all das, dem er sich und seine Begleiter ausgesetzt hatte – war all das vergeblich gewesen? Noch einmal fragte er nach, drängender, ungeduldiger, doch der Mönch zuckte bedauernd mit den Schultern. Zwar habe er von alten Dokumenten gehört, jedoch wisse er nichts von deren Verbleib.

Wenigstens fand Tischendorf 1.500 alte Titel, mit denen er sich beschäftigen konnte, sodass die Strapazen der Reise nicht völlig vergeblich gewesen waren. Diese hatten jedoch alle nichts mit den biblischen Handschriften zu tun, die er erwartet hatte. Er ordnete, legte Verzeichnisse an und verzweifelte fast an der Gleichgültigkeit und Trägheit der Mönche. Die Arbeit war zäh und enttäuschend. Er wühlte in den alten Schriften, atmete Staub und Dreck ein und fand doch nicht das Gesuchte – bis sein Blick endlich auf einen großen runden Papierkorb fiel, der unbeachtet in einer Ecke stand. Sein Inhalt war offensichtlich als Abfall deklariert. Doch als

Tischendorf die Pergamentblätter näher betrachtete, stockte ihm der Atem. Er traute kaum seinen Augen: Vor ihm lagen mit griechischen Buchstaben beschriebene Pergamentblätter. Mit zitternden Händen setzte er die Blätter zusammen, betrachtete sie näher. Schließlich wurde ihm klar: Er hielt eine 129-seitige Abschrift des Alten Testaments aus dem 4. Jahrhundert in Händen. Es handelte sich um die älteste und bedeutendste Abschrift der Bibel! Zwar war das nicht die erhoffte Abschrift des Neuen Testaments, aber der Fund war trotzdem sehr wertvoll. Tischendorf konnte sein Glück kaum fassen. Seine Beharrlichkeit hatte sich gelohnt.

Jetzt steckte sein Enthusiasmus auch die Mönche des Klosters an. Plötzlich wurde auch ihnen der unschätzbare Wert des Fundes bewusst, sodass sie nun unter keinen Umständen mehr bereit waren, den Schatz abzugeben. Ein langes Feilschen begann, an dessen Ende der Theologe 43 der alten Blätter mitnehmen durfte. Die restlichen 86 Blätter konnte er noch vor seiner Heimreise abschreiben.

Als er 1845 wieder nach Leipzig zurückkehrte, ordnete und sortierte, untersuchte und veröffentlichte Konstantin Tischendorf schließlich seinen wertvollen Schatz. Aber eines tat er nicht: Er verriet niemandem den Fundort, sondern machte sich neun Jahre später noch einmal auf die lange Reise zum Sinai. Doch dieses Mal waren die restlichen 86 Pergamentblätter wie von Geisterhand verschwunden. Zunächst vermutete Tischendorf, dass ihm ein anderer Wissenschaftler zuvorgekommen war, und kehrte schwer enttäuscht wieder nach Leipzig zurück. Aber die mit Spannung erwartete Veröffentlichung der verschwundenen 86 Pergamentblätter durch den unbekannten Wissenschaftler blieb aus. Sollten die unschätzbar wertvollen Blätter doch noch im Katharinenkloster liegen? Sollte er ein drittes Mal gen Sinai reisen und noch gründlicher suchen, um die Abschriften vor dem Vergessen und möglicherweise vor ihrer Zerstörung zu retten?

Tischendorf, der inzwischen verheiratet war, entschied sich zu einer weiteren Reise. Diese dritte Reise auf den Sinai bereitete er akribisch vor und warf alle seine Beziehungen, die er als mittlerweile anerkannter Professor und erfolgreicher Wissenschaftler zu bieten hatte, in die Waagschale. Es begann ein Meisterwerk der Diplomatie vonseiten Tischendorfs, das in der Gelehrtenwelt seinesgleichen sucht. Bis zum russischen Zaren reichten seine Kontakte. Da der Theologe um das Gewicht des russischen Einflusses auf die orthodoxen Mönche wusste, wandte er sich an Zar Alexander II. Der russische Kultusminister und der Bruder des Zaren, Konstantin, waren begeistert von dem Gedanken, dass der Ruhm dieser Entdeckungen und diese wertvollen Handschriften Russland zugutekommen könnten. So reiste Tischendorf mit Unterstützung und als offizieller Abgesandter des Zaren.

Wieder stand Tischendorf 1859 im Katharinenkloster; wieder durchsuchte er jede Ecke und jeden Winkel, drehte jeden Schnipsel um, den er fand, durchwühlte Abfallkörbe; wieder fand er – nichts. Enttäuscht wollte er das Kloster verlassen, als ihn schließlich am Abend vor seiner geplanten Abreise ein junger Hausverwalter ansprach und in seine Zelle einlud. Was Konstantin Tischendorf dort zu sehen bekam, raubte ihm den Atem. Aus einer dunklen Ecke seiner Zelle holte der Mönch ein in roten Stoff eingewickeltes Bündel, das er vorsichtig öffnete. Hervor kamen die verschollenen Pergamente, die der Forscher so lange vergeblich gesucht hatte. Doch nicht nur das: Vor seinen Augen lag das gesamte Neue Testament vom Matthäusevangelium bis zur Offenbarung des Johannes in griechischer Sprache. Es waren 346 Blätter, fein säuberlich abgeschrieben aus dem 4. Jahrhundert, versehen mit Kommentaren der damaligen Christen. Tischendorf konnte nur noch völlig überwältigt Gott danken für den unglaublichen Fund, der vor ihm lag.

Die ganze Nacht blätterte er in den wertvollen Schriften, las, entzifferte den Text und ihm wurde klar: Er hatte an diesem Tag die älteste komplette Quelle des Neuen Testaments gefunden. Schnell erkannte er, mit wie viel Sorgfalt die Bibel abgeschrieben worden war. Die Texte, die vor ihm lagen, waren über Jahrtausende unverfälscht überliefert worden.

Der Theologe begann zu verhandeln, bot Gold, Geld; er führte den Zaren ins Feld, aber die Mönche vom Sinai blieben hart: „Wenn diese Blätter so wertvoll waren, so gehörten sie dem Kloster."

Tischendorf blieb nichts anderes übrig, als diese Haltung zu respektieren. Schließlich bat er, die Texte wenigstens mit nach Kairo nehmen zu dürfen, um sie dort abschreiben zu können, da im Kloster Papier und Tinte fehlten. Damit waren die Mönche einverstanden.

So reiste er nach Kairo in das dortige Tochterkloster. In der Stadt konnte er all das Material kaufen, das er brauchte, um die wertvollen Texte zu kopieren. Täglich wurden ihm acht Seiten zur Abschrift zur Verfügung gestellt. Zwei Monate lang arbeitete er zusammen mit zwei Helfern an der Abschrift.

Nach zähen Verhandlungen und nachdem ein neuer Erzbischof im Sinaikloster gewählt worden war, überließ ihm das Klosterkonvent schließlich am 28. September 1860 sogar den *Codex Sinaiticus* – das Buch vom Sinai, wie diese älteste Abschrift der Bibel genannt wird, als Gabe für den russischen Zaren.

Nun wurde der *Codex Sinaiticus* nach Sankt Petersburg gebracht. Mehr als zwei Jahre arbeitete Tischendorf von Leipzig aus an den Handschriften. Er brachte sie in eine lesbare Form, teilte den Text in Abschnitte, Verse und Kapitel ein, so wie wir die Bibeltexte heute kennen, fügte Satzzeichen ein, bis sie schließlich in Leipzig gedruckt und veröffentlicht werden konnten. Am 6. Oktober 1862 wurden schließlich über tausend gedruckte Bände des *Codex Sinaiticus* nach Sankt Petersburg geliefert, 300 Exemplare davon waren als wertvolle Prachtbände gestaltet. Auch dem Katharinenkloster auf dem Sinai wurde eines der 300 Prachtexemplare geschenkt. Eine besondere Ehrung wurde dem Theologen und Forscher zuteil, als er 1869 in den russischen Adelsstand erhoben wurde.

Mit unglaublichem Einsatz hatte Konstantin von Tischendorf schließlich sein Lebensziel erreicht: Er hatte den Beweis erbracht, dass die Bibel über Jahrtausende hinweg richtig abgeschrieben und weitergegeben worden war. Der von ihm entdeckte *Codex Sinaiticus* ist die einzige vollständige alte Handschrift des Neuen Testaments. Dank des unermüdlichen Einsatzes Tischendorfs konnte diese Handschrift zudem auch der breiten Öffentlichkeit zur Verfügung gestellt werden.

Immer wieder sah sich der Wissenschaftler in späteren Jahren heftiger Kritik ausgesetzt. So wurde lange zu Unrecht behauptet, er habe die Bibelabschrift gestohlen. Diese Vorwürfe entbehrten jedoch jeglicher Grundlage und waren eine bewusste Verdrehung der Tatsachen. Sie konnten zweifelsfrei ausgeräumt werden.

1933 verkaufte Stalin den *Codex Sinaiticus* für eine Million Pfund nach England, um seine Kriegskasse aufzufüllen. Heute kann die alte Handschrift als Veröffentlichung im Internet von jedem angesehen werden als Beweis für die Echtheit und Unverfälschtheit des biblischen Urtextes, denn: „Das Wort des Herrn bleibt gültig für immer und ewig" (1. Petrus 1,25).

Quellen:

Parker, David. C.: *Der Codex Sinaiticus: Geschichte der ältesten Bibel der Welt.* Deutsche Bibelgesellschaft, Stuttgart, 2012.

Schick, Alexander: *Tischendorf und die älteste Bibel der Welt – Die Entdeckung des Codex Sinaiticus im Katharinenkloster.* Jota-Publikationen, Muldenhammer 2015.

Schneller, Ludwig: *Tischendorf – Erinnerungen.* Verlag St. Johannis, Lahr 1954.

Schlisske, Otto: *Der Schatz im Wüstenkloster.* Kreuz-Verlag, Stuttgart 1957.

Die Lady mit der Lampe

Florence Nightingale (1820–1910)

„Wenn ich mich hinlege, was ich praktisch nie mache, muss ich an all die Dinge denken, die getan werden müssten, und das veranlasst mich, aufzustehen und wieder an die Arbeit zu gehen."

Jahrelang lebte Florence Nightingale nach diesem Motto. Die Not, die sie in ihrem Umfeld erlebte, ließ ihr scheinbar keine andere Wahl.

Dabei stammte sie aus einer reichen Oberschichtfamilie in England. Ein angenehmes, sicheres Leben, geprägt von Luxus, gesellschaftlichen Empfängen in höheren englischen Kreisen und ein wenig sozialem Engagement, schien für die junge Dame vorgezeichnet zu sein. Doch Florence hatte ganz anderes im Sinn. Sie war eine sehr begabte, gebildete junge Frau, die sich nicht einfach in ein Schema pressen ließ, wie es im 19. Jahrhundert für Damen der höheren Gesellschaft üblich war.

1837, mit 17 Jahren, half sie während einer Grippeepidemie bei der Pflege von Kranken. Während dieser Zeit hatte sie ein besonderes Erlebnis, das ihren weiteren Lebensweg in ganz neue Bahnen lenkte. Sie schrieb in ihr Tagebuch: „Gott sprach zu mir und rief mich in seinen Dienst."

Florence sah ihren Platz in der Krankenpflege, eine Aufgabe, die in jener Zeit einen sehr schlechten Ruf hatte. Die Pflegenden waren meist unqualifizierte Personen, die sich mangels einer besseren Anstellung mit dieser wenig angesehenen Tätigkeit ihren Lebensunterhalt verdienen mussten. Kein Wunder, dass Florences Eltern über diesen Zukunftsplan ihrer Tochter grenzenlos schockiert waren. Bei den Patienten in den Krankenhäusern herrschten erschreckend hohe Sterberaten; das Pflegepersonal war oft mangelhaft oder überhaupt nicht ausgebildet, häufig betrunken und vielfach undiszipliniert. Der Gedanke, dass Florence Nightingale in einem solchen Umfeld tätig sein wollte, lag jenseits aller damaligen Konventionen.

Die ganze Familie versuchte, sie von ihren Plänen abzubringen. Eine wohlmeinende Tante schrieb, Gott könne auch bei Empfängen geehrt werden. Doch Florence antwortete: „Wie kann es zur Ehre Gottes sein, wenn es so viel Elend gibt in der Welt, das wir heilen könnten, statt in Luxus zu leben!"

Zielstrebig ging die junge Frau ihren Weg. Zunächst sammelte sie Erfahrungen in der Krankenpflege, wo immer sich ihr eine Möglichkeit bot, und las alles, was an Literatur über dieses Thema greifbar war. In Deutschland machte sie bei den Diakonissen in Kaiserswerth in der Nähe von Düsseldorf ein mehrmonatiges Praktikum im Pflegebereich und Wundversorgung und hatte sogar die Möglichkeit, bei Operationen zu assistieren. In Paris besuchte sie mehrere Krankenhäuser, um sich weiterzubilden, sodass sie ihr Wissen immer mehr vergrößerte. Zurück in Großbritannien übernahm Florence auf eigene Kosten die Leitung und Sanierung eines heruntergekommenen Hospitals in London, des *Hospitals for Invalid Gentlewomen*.

Während des Krimkriegs 1852–1856, in den auch englische Truppen involviert waren, herrschten in den Lazaretten furchtbare Zustände. Insbesondere die hygienischen Bedingungen waren verheerend, sodass die Verletzten häufiger an der schlechten Versorgung als an ihren Verwundungen starben. Diese Katastrophe wurde von einem Reporter der *London Times* in England publik gemacht. Die Bevölkerung war entsetzt. Das Kriegsministerium sah dringenden Handlungsbedarf, um die aufgebrachte Öffentlichkeit zu beruhigen.

Man beschloss, ein Team von Pflegerinnen zusammenzustellen, die sich um die Verwundeten kümmern sollten. Doch wer konnte eine solche Aufgabe übernehmen? Die Wahl fiel auf Florence Nightingale, die inzwischen viel Erfahrung in der Krankenpflege hatte. Im Auftrag der britischen Regierung wurde sie zusammen mit 38 Schwestern im Jahr 1855 zur Versorgung der verletzten Soldaten in ein Lazarett nach Skutari bei Istanbul geschickt.

Die Zustände, die die Helferinnen vorfanden, waren entsetzlich. Die Verwundeten lagen in ungeheizten und verseuchten Räumen oder Korridoren. Die Böden waren verdreckt, die sanitären Einrichtungen unzureichend, auf zahlreichen Stationen standen als Toiletten einfache Holzeimer, die unerträglich stanken. Viele der Erkrankten trugen seit Wochen dieselbe Kleidung, litten unter Flöhen und Läusen, waren seit ihrer Verletzung oder Erkrankung nicht gewaschen worden und hatten nicht einmal eine einfache Strohmatratze. Es fehlte an Kissen, Decken, Tellern, Besen, Besteck, Scheren, Handtüchern, Tabletts, Waschbecken und Verbandszeug – einfach an allem. Wahrlich genug Möglichkeiten für das Schwesternteam, die Lage dieser armen Menschen zu verbessern! Trotzdem wurden die jungen Frauen von den Militärärzten mit Argwohn empfangen. Man wollte auf gar keinen Fall, dass die Krankenschwestern mit ihren neuen Ideen alles veränderten.

Nur mit viel diplomatischem Geschick und Einsatz gelang es Florence Nightingale und ihren Mitstreiterinnen, allmählich die Zustände zu verbessern. Florence kümmerte sich zunächst um die hygienischen Verhältnisse und verbesserte die Versorgung mit Nahrungsmitteln. Und sie hatte mit ihren Maßnahmen durchschlagenden Erfolg: Die Sterblichkeitsrate unter den verletzten Soldaten ging rapide zurück. Nun konnte sie sich um weitere organisatorische Verbesserungen bemühen, beispielsweise um die Optimierung der gesamten Infrastruktur und der Kanalisation. Florence Nightingale erwarb von ihrem eigenen Geld und aus einem von der *Times* angeregten Fonds Waschbürsten und Eimer, Decken, Bettpfannen, ja sogar Operationstische. Immer wieder musste sie dabei gegen die sture Haltung der Militärärzte und anderer Vorgesetzter ankämpfen. Das alles kostete viel Zeit und Kraft. Daher hatte Florence häufig erst am späten Abend und nachts die Möglichkeit, sich um die kranken Soldaten zu kümmern. Oft ging sie dann mit einer Lampe von Bett zu Bett, um nach den Verletzten zu sehen, sie zu trösten und zu ermuntern. Dies brachte ihr den Namen „Die Lady mit der Lampe" ein, der sie zeitlebens begleitete.

Als Florence Nightingale nach vier Jahren wieder in ihr Heimatland zurückkehrte, war sie aufgrund ihres Einsatzes, über den unter anderem von der *Times* immer wieder berichtet worden war, zu einer unglaublichen Berühmtheit geworden. BBC bezeichnete sie als die zweitbekannteste Frau in England nach Königin Victoria. Doch der unermüdliche Einsatz im Lazarett hatte körperlich und seelisch seinen Tribut gefordert. Nach der Rückkehr erfolgte ein gesundheitlicher Zusammenbruch.

Florence Nightingale erholte sich nie wieder vollständig von den Strapazen und den Krankheiten, die sie sich bei der Arbeit im Lazarett während des Krimkriegs zugezogen hatte. Häufig musste sie in der Folgezeit das Bett hüten. Die Ärzte verschrieben ihr unbedingte Ruhe. Doch sie wollte arbeiten, und gerade aus ihrer körperlichen Schwäche entwickelte sich ein ganz neues, unerwartet weitreichendes und sehr wichtiges Betätigungsfeld.

Mit ihren vielfältigen Erfahrungen war Florence Nighingale zu einer Fachfrau in Sachen moderner Krankenpflege geworden. Sie nutzte ihre Bekanntheit, um sich für eine Verbesserung des maroden Gesundheitswesens einzusetzen. Aufgrund ihrer Erlebnisse bei der Behandlung der verletzten Soldaten im Krimkrieg begann sie, ein völlig neues System der Krankenpflege zu entwickeln. Sie war der Überzeugung, dass Pflege mehr bedeute als lediglich das Verabreichen von Arzneien und das Anlegen von Umschlägen. Die Tätigkeiten sollten auch die richtige Anwendung von frischer Luft, Licht, Wärme, Sauberkeit und Ruhe sowie die richtige Auswahl und Gabe von Nahrung beinhalten.

Mit einer Spende von 50.000 Pfund, die Florence erhielt, gründete sie eine Krankenpflegeschule in London, zu der später noch eine Hebammenschule hinzukam. Auf diese Weise wurde der Beruf der Krankenpflegerin zu einem anerkannten und geachteten Ausbildungsberuf aufgewertet und die Grundlage für eine professionelle Krankenpflege gelegt.

Sie wurde zudem zu einer viel gefragten Beraterin der englischen Regierung im Bereich Krankenpflege. Auf Anregung von Florence Nightingale, die großes Interesse und ein umfassendes Wissen in Bezug auf Statistik hatte, wurden von der britischen Regierung nun auch Erhebungen zu Bevölkerungsentwicklung, Geburts-, Krankheits- und Todesraten erstellt, aus denen die Grundlagen der Krankenpflege entwickelt werden konnten.

Florence Nightingale veröffentlichte über zweihundert Bücher zum Thema Krankenpflege, die viele Auflagen erlebten und auf Deutsch, Französisch und Italienisch übersetzt wurden. Sie war überzeugt: „Krankenpflege ist keine Ferienarbeit. Sie ist eine Kunst und fordert – wenn sie zur Kunst werden soll – eine ebenso große Hingabe, eine ebenso ernste Vorbereitung wie das Werk eines Malers oder Bildhauers, denn was bedeutet die Arbeit an einer toten Leinwand oder kaltem Marmor im Vergleich zu der am lebendigen Körper, dem Tempel für den Geist Gottes? Krankenpflege ist eine der schönsten Künste, fast hätte ich gesagt die schönste aller Künste."

Das folgende Gebet, das von Florence Nightingale überliefert ist, drückt ihr Anliegen aus, durch ihren Dienst Gottes Liebe an die Menschen weiterzugeben:

Spender des Lebens,
gib mir die Kraft,
dass ich meine Arbeit mit Überlegung tue,
getreu dem Ziel, das Leben jener zu hüten,
die meiner Versorgung anvertraut sind.
Halte rein meine Lippen von verletzenden Worten.

Gib mir klare Augen, das Gute der anderen zu sehen.
Gib mir sanfte Hände,
ein gütiges Herz und eine geduldige Seele.
Hilf, dass ich niemandem
durch Unwissenheit und Nachlässigkeit schade.
Für jene, die gebeugt sind
von Kummer und Weh, Angst und Schmerz,
gib Kraft zum Durchhalten.
Schenk mir, o Gott,
deinen Segen zu meiner Aufgabe.

Quellen:

Fiedler-Winter, Rosemarie: *Engel brauchen harte Hände.* Econ-Verlag, Berlin 1967.

Troeger, Brigitte: *Florence Nightingale. Der Engel der Verlassenen.* Brunnen-Verlag, Gießen 2013.

Kranz, Gisbert: *Zwölf Frauen.* EOS-Verlag, Sankt Ottilien 1998.

Die Gründung des Internationalen Roten Kreuzes

Henry Dunant (1828–1910)

Entsetzt stand der 31-jährige Schweizer Geschäftsmann Henry Dunant im Juni 1859 in der norditalienischen Kleinstadt Solferino. Er konnte den furchtbaren Anblick, der sich ihm bot, kaum fassen. Als Kind hatte er zusammen mit seiner Mutter, die – motiviert durch ihre christliche Überzeugung – sozial sehr engagiert war, in seiner Heimatstadt Genf häufig in Not geratene Menschen besucht. Doch das Elend, das er hier auf dem Schlachtfeld von Solferino sah, überstieg alles, was er bisher erlebte hatte, bei Weitem.

Später beschrieb er dieses Erlebnis so: „Die Sonne des 25. Juni beleuchtet eines der schrecklichsten Schauspiele, das sich erdenken lässt. Das Schlachtfeld ist allerorten bedeckt mit Leichen von Menschen und Pferden. In den Straßen, Gräben, Bächen, Gebüschen und Wiesen, überall liegen Tote, und die Umgebung von Solferino ist im wahren Sinne des Wortes mit Leichen übersät. Getreide und Mais sind niedergetreten, die Hecken zerstört, die Zäune niedergerissen, weithin trifft man überall auf Blutlachen."

Dieser schreckliche Anblick löste in dem Betrachter nur eine Reaktion aus: Er musste den Menschen in dieser Not Beistand leisten. Und das tat er mit den Mitteln, die ihm in dieser Situation zur Verfügung standen. Er half, Verwundete aufzuladen, verteilte die Reste seines Proviants und seiner Zigarren, sprach Mut zu und ließ Sterbende seine Nähe spüren. Am folgenden Morgen schickte er seinen Kutscher ins nahe Brescia, um Verbandsmaterial, Lebensmittel und Rauchwaren zu kaufen. Er selbst kümmerte sich weiter um Verwundete und Sterbende, zerschnitt seine mitgebrachten Hemden zu Verbandsstoff, wusch schmutzige Wunden aus und reichte Durstigen frisches Wasser.

Bald erhielt er Unterstützung von Einheimischen. Frauen aus den umliegenden Orten halfen mit, die Verwundeten zu versorgen.

„Die Frauen von Castiglione erkennen bald, dass es für mich keinen Unterschied der Nationalität gibt, und so folgen sie meinem Beispiel und lassen allen Soldaten, die ihnen völlig fremd sind, das gleiche Wohlwollen zuteilwerden. ‚Tutti fratelli' – alle sind Brüder –, wiederholen sie gerührt immer wieder", berichtete Henry Dunant später.

Dabei hatte der Schweizer Geschäftsmann ganz andere Pläne gehabt, als er sich im Frühsommer 1859 zu seiner Reise nach Norditalien aufgemacht hatte. Er hatte im von Frankreich besetzten Algerien ein modernes Mühlengeschäft initiiert, für dessen Finanzierung er einen hohen Kredit aufgenommen hatte. Doch das Geschäft lief nicht so wie erwartet und geplant, vor allem aufgrund der ungeklärten Land- und

Wasserrechte. Henry brauchte unbedingt Klarheit, um seine wirtschaftlichen Probleme lösen zu können. So beschloss er, sich an keinen Geringeren als an Kaiser Napoleon III. zu wenden. Doch das französische Staatsoberhaupt hatte gerade ganz andere Sorgen. Mit seinem Heer kämpfte er im Sardinischen Krieg an der Seite Italiens gegen Österreich. Wollte Henry Dunant Napoleon wegen seiner wirtschaftlichen Probleme sprechen, musste er sich also nach Norditalien aufmachen.

So geschah es, dass Dunant am Abend der Entscheidungsschlacht in Solferino eintraf, wo eines der größten und grausamsten Gefechte des 19. Jahrhunderts stattfand. Zehntausende Soldaten verloren ihr Leben oder erlitten die furchtbarsten Verletzungen. Dunant wurde völlig unerwartet mit dem unsäglichen Leid der verwundeten Soldaten konfrontiert und half mit allen ihm zur Verfügung stehenden Mitteln, um das Elend zu lindern.

In den folgenden zwei Jahren schrieb er ein Buch über diese eindrücklichen Erlebnisse und veröffentlichte es 1862 auf eigene Kosten unter dem Titel *Eine Erinnerung an Solferino*. Dieser erschütternde Bericht rief ungeahnte und unerwartete Resonanz hervor. Das Werk endete mit einem flammenden Appell, Hilfswerke für Verwundete in verschiedenen Ländern Europas zu gründen:

„Da man nun einmal darauf verzichten muss, dass sich Wünsche und Hoffnungen der Gesellschaft der Friedensfreunde jemals erfüllen werden, warum sollte man da nicht eine Zeit verhältnismäßiger Ruhe und Stille benutzen, um eine Frage von so großer und umfassender Wichtigkeit von dem doppelten Standpunkt der Menschlichkeit und des

Christentums aus zu studieren? Warum sollte man nicht versuchen, hierüber zu einem Entschluss zu kommen? ... Hätte es bei Solferino ein solches internationales Hilfswerk gegeben, oder wären am 24., 25. und 26. Juni in Castiglione oder zur gleichen Zeit auch in Brescia, Mantua oder Verona solche freiwilligen Helfer gewesen, wie viel unbeschreiblich Gutes hätten sie leisten können in jener unheilvollen Nacht vom Freitag zum Samstag, als Tausende von Verwundeten vor Qual stöhnten und herzzerreißend um Hilfe riefen, Tausende, die nicht nur unter furchtbaren Schmerzen, sondern auch unter einem entsetzlichen Durst litten."

Das Buch hatte unglaublichen Erfolg, wurde zu einem Bestseller und sein Autor eine Berühmtheit. Doch die Folgen waren noch viel weitreichender. Fünf Männer – der General Henri Dufour, der Jurist Gustave Moynier, die beiden Ärzte Louis Appia und Théodore Maunoir sowie Henry Dunant selbst – fassten den mutigen Entschluss, 1863 in Genf einen Kongress zu veranstalten, um den Gedanken der geplanten internationalen Hilfsorganisation publik zu machen. Die Versammlung wurde ein großer Erfolg. Ein Jahr später wurde die erste Genfer Konvention unterzeichnet, aus der sich die größte humanitäre Hilfsorganisation der Welt, das Internationale Rote Kreuz, entwickelte.

Aufgrund seines engagierten Einsatzes hatte Henry Dunant jedoch seine eigenen wirtschaftlichen Projekte vernachlässigt, sodass er leider selbst in große finanzielle Schwierigkeiten geriet, was seinen sozialen Abstieg zur Folge hatte. Es folgte eine schwere Zeit in bitterster Armut, vergessen von der Öffentlichkeit. Nur seine Familie hielt noch zu ihm.

Doch Henry gab nicht auf. Er schrieb eine Neufassung

seines Buches über die Schlacht von Solferino und die Geschichte des Roten Kreuzes.

„Das Werk ist gegründet. Ich war nur ein Werkzeug in der Hand Gottes. Nun ist es an anderen, [...] es weiter zu halten", lautete sein Fazit.

Einige Jahre später kam Henry Dunant zu großen Ehren, als ihm 1901 der erste Friedensnobelpreis verliehen wurde.

Quellen:
https://www.drk.de/das-drk/geschichte/wissen-und-helfen/biografie-henry-dunant, abgerufen am 07.12. 2018.
Dunant, Henry: *Eine Erinnerung an Solferino.* Genf 1862.
Heudtlass, Willy & Gruber, Walter: *J. Henry Dunant. Biographie.* Kohlhammer-Verlag, Stuttgart 1985.

Der Engel der Gefangenen

Mathilda Wrede (1864–1928)

Der finnische Oberstaatsanwalt Adolf Grotenfelt lauschte schmunzelnd und ein wenig überheblich den engagierten Worten der jungen Dame, die vor ihm stand und unermüdlich auf ihn einredete. Aber nach einer Weile musste er zugeben, dass ihn der Eifer dieser Mathilda Wrede beeindruckte. Auftreten und Sprache ließen unschwer erkennen, dass sie aus einer adligen finnischen Familie stammte. Ihr Vater, Carl Gustav Wrede, war kein Unbekannter, sondern war bis 1884 Gouverneur der westfinnischen Provinz Vaasa gewesen. Der Name Wrede genoss hohes Ansehen in finnischen Adelskreisen.

Jetzt stand seine jüngste Tochter vor Anwalt Grotenfelt und versuchte, ihn mit leidenschaftlichen Worten für ihr Anliegen zu gewinnen. Mathilda wusste: Von diesem Besuch hing viel ab. Sie legte ihre ganze Energie in das Gespräch. Und sie hatte Erfolg.

Das Anliegen der Besucherin ließ den hochgestellten Beamten nicht kalt. Die junge Frau bat um ein Empfehlungsschreiben, das ihr die Möglichkeit eröffnete, alle Gefängnisse Finnlands zu besuchen. Um dies zu erhalten, war sie extra nach Helsinki gereist. Ihr Ziel war es, die Lebensbedingun-

gen der Strafgefangenen zu verbessern – an sich ein lohnens-
wertes Unterfangen, das musste der Justizbeamte zugeben.
Da war es nur angemessen, der so sozial engagierten Dame
ein wenig Zeit zu widmen und sie ausreden zu lassen.

„Und was sagt der Herr Vater zu Ihrem Vorhaben?" Fra-
gend schaute der hohe Beamte die junge Frau an. Zu schnell
wollte er sich nicht auf ihren Wunsch einlassen. Schließlich
wollte er sich keinen Ärger zuziehen. Andererseits war der
Wunsch eines adligen Mädchens nach etwas sozialer Betäti-
gung nicht so einfach abzuweisen – insbesondere, wenn dabei Kontakte in die höchsten politischen und adligen Kreise
mit im Spiel waren.

„Vater hat mir immer erlaubt, die Gefangenen in Vaasa
zu besuchen, so wird er nun sicher nichts dagegen haben,
wenn ich meine Tätigkeit ausweite", antwortete Mathilda
selbstbewusst.

Auch den Hinweis, dass 20 Jahre kein sehr hohes Alter
für ein solch anspruchsvolles Projekt sei, parierte die junge
Dame mit Humor: „Nun, das bessert sich von Tag zu Tag
von selbst."

Sie beeindruckte den Oberstaatsanwalt mit Charme und
Beharrlichkeit. Dieser jungen Frau konnte und wollte Adolf
Grotenfelt nur sehr ungern ein solch idealistisches Anliegen
abschlagen. So reiste Mathilda Wrede schließlich zufrieden
aus Helsinki zurück mit einer Bescheinigung in Händen, die
ihr tatsächlich erlaubte, alle Gefängnisse und Haftanstalten
Finnlands zu besuchen, um dort die Botschaft der Bibel zu
erzählen.

Freilich war der Staatsanwalt überzeugt, dass die junge Baroness sicher bald genug von ihrem sozialen Engage-

ment haben und glänzende Ballsäle den schmuddeligen Gefängniszellen vorziehen würde. Doch Grotenfelt sollte sich gründlich täuschen. Er wusste auch nicht, dass Mathilda durchaus schon einige positive Erfahrungen gemacht hatte mit der Betreuung von Strafgefangenen. Sie hatte längst verstanden, wie wichtig es war, dass man diesen Menschen zuhörte und ihnen eine Lebensperspektive vermittelte, indem man die Botschaft der Bibel erzählte. Der Einsatz Mathilda Wredes für Strafgefangene entsprang mitnichten nur dem spontanen Wunsch nach ein wenig Wohltätigkeit und war weit mehr als eine Augenblicksidee.

Ihr soziales Engagement hatte seinen Ursprung in einem Erlebnis im März 1883, als die knapp 19-jährige Mathilda eine Predigt hörte, die ihr Leben und ihr Weltbild grundlegend änderte. Von nun an spielte der Glaube an Jesus Christus die wesentliche Rolle in ihrem Leben. Bibellesen und Gespräche über den Glauben wurden wichtiger als Tanzen und andere vergnügliche Veranstaltungen.

Einige Monate später kam sie in näheren Kontakt mit einem Strafgefangenen – eine Begegnung, die dazu führte, dass Mathilda Wrede ihre Berufung, ihre Lebensaufgabe entdeckte. Berührungspunkte mit Strafgefangenen hatte es in Mathildas Kindheit und Jugend hin und wieder gegeben, hatten doch Sträflinge öfter in ihrem Elternhaus in Vaasa Arbeiten zu verrichten gehabt, sei es Brennholz zu stapeln oder kleinere Reparaturarbeiten zu erledigen. Ein eindrückliches Erlebnis hatte sie, als das Schloss ihrer Zimmertür defekt war. Ein Strafgefangener aus dem Provinzgefängnis bekam die Aufgabe, die Tür zu reparieren. Es erschien Mathilda unhöflich, schweigend zuzusehen oder den Mann einfach zu ignorieren. So begann sie ein Gespräch, redete buchstäblich über Gott und die Welt – und schließlich vor allem über Gott, als sie das Interesse des Gefangenen wahrnahm, der ihr nach einiger Zeit nahelegte: „Sie sollten zu uns kommen und nicht nur mir, sondern allen so etwas erzählen. Das wäre so wichtig."

Nur zögernd ging Mathilda auf die Bitte des Mannes ein und versprach schließlich, am kommenden Sonntag ins Gefängnis zu kommen. Carl Gustav Wrede war wenig begeistert von dem Vorhaben seiner Tochter, doch sie wollte das gegebene Versprechen einlösen. Schließlich gab der Vater nach und erlaubte den geplanten Besuch in Begleitung eines Aufsehers. Aus jenem denkwürdigen Besuch, der sehr positiv verlief, entwickelten sich regelmäßige Kontakte. Die ganze Familie Wrede ließ sich im Lauf der Zeit für die Arbeit unter Strafgefangenen im Gefängnis von Vaasa einbinden.

Jenes Empfehlungsschreiben des Oberstaatsanwaltes Grotenfelt öffnete Mathilda Wrede in der Folge nun die Türen von Gefängnissen in ganz Finnland. Die Besuche und Gespräche mit den Gefangenen und die Verbesserung ihrer Situation wurden zu Mathildas Lebensinhalt. Unzählige Berichte sind überliefert von Gefangenen, die durch Gespräche und die Begegnung mit Mathilda Wrede wieder neuen Lebensmut und Wege aus ihrer schwierigen Lage fanden. Sie erzählte „ihren" Gefangenen von Gottes großer Gnade und verhalf ihnen so zu einer neuen Lebensperspektive. Sie war überzeugt: „Viele Menschen sprechen die Gefangenen an; was diese aber brauchen, ist, dass jemand zuhört, was sie zu sagen haben."

Welches junge Mädchen wäre wohl begeistert, wenn es zu seinem 23. Geburtstag ein Haus als Geschenk erhielte, in dem entlassene Strafgefangene eine Möglichkeit zur Resozialisierung finden könnten? Für Mathilda Wrede erfüllte sich mit diesem Geschenk ihres Vaters im März 1886 ein Lebenstraum. Gemeinsam mit ihrem Bruder Henrik baute sie dort eine Arbeiterkolonie für entlassene Gefangene auf.

Über Jahrzehnte setzte sie sich neben der Evangelisation engagiert für bessere Haftbedingungen ein. Sie half bei der Formulierung von Gnadengesuchen und unterstützte Haftentlassene bei der Arbeitssuche. Oft zog Mathilda sich mit ihrer Arbeit den Unmut der Verantwortlichen zu. Doch trotz aller Kritik erhielt sie 1890 eine offizielle Einladung zu einem in St. Petersburg stattfindenden internationalen Kongress über Gefangenenfürsorge. Dort kritisierte sie massiv die Gesetze und den Umgang mit Strafgefangenen, denn „diese können das Herz keines einzigen Verbrechers verändern, allein Gott kann dies."

Ein Satz aus dem Alten Testament ließ Mathilda Wrede zeitlebens nicht mehr los. Dort hatte sie im Buch des Propheten Hesekiel gelesen: „Und gehe hin zu den Gefangenen deines Volks und predige ihnen und sprich zu ihnen: So spricht der Herr, HERR! sie hören's oder lassen's" (Hesekiel 3,11 nach Luther 1912). Darin sah sie ihre Berufung, die Lebensaufgabe, die Gott in ihr Leben gelegt hatte.

Quellen:

Sick, Ingeborg Maria: *Mathilda Wrede, ein Engel der Gefangenen.* Verlag J. F. Steinkopf, Stuttgart 1930.

Seebaß, Friedrich: *Mathilda Wrede. Ein Leben für die Gefangenen und Armen.* Brunnen-Verlag, Gießen 1986.

Hauff, Adelheid M. von (Hrsg.): *Frauen gestalten Diakonie, Band 2: Vom 18. bis zum 20. Jahrhundert.* Kohlhammer-Verlag, Stuttgart 2006.

Der Erdnussmann

George Washington Carver (1864–1943)

Ob der Amerikaner George Washington Carver, wie so oft behauptet wird, die weltweit geliebte und geschätzte Erdnussbutter erfunden hat, ist nicht wirklich geklärt, doch der Ehrentitel „Erdnussmann" ist untrennbar mit seinem Namen verbunden. Unzählige Erfindungen, die in Zusammenhang mit der vielseitigen Frucht stehen, gehen auf diesen Botaniker und Chemiker zurück. Und das, obwohl er als Kind, das in die Sklaverei hineingeboren worden war, eine denkbar schlechte Lebensperspektive hatte. Nicht einmal sein genaues Geburtsdatum ist bekannt. Man weiß nur, dass es ungefähr um das Jahr 1864 in Missouri gewesen sein muss.

Georges Vater war unbekannt; seine Mutter war Sklavin in den Südstaaten Amerikas, ein grausames Schicksal. Bereits als Kind wurde George zusammen mit seiner Mutter gekidnappt und verschleppt. Die Entführer hatten wohl das Ziel, ihre Beute als Sklaven weiterzuverkaufen, eine damals gängige Praxis. Georges Mutter tauchte leider nie wieder auf, doch der kleine Junge wurde gefunden und zu seinem ursprünglichen Besitzer, Moses Carver, zurückgebracht.

Dieses traumatische Erlebnis hinterließ tiefe Spuren im

Leben des kleinen George. Die Bronchitis, die er sich während dieser Zeit zugezogen hatte, sollte ihn sein Leben lang beeinträchtigen. Durch die Krankheit war er nicht mehr in der Lage, körperlich hart zu arbeiten. Doch er hatte Glück. Moses Carver, sein Besitzer, war ein freundlicher Mann. Er behandelte den Jungen sehr gut, nahm ihn sogar in seine Familie auf und ließ ihm die Freiheit, jeden Tag die Felder und Wiesen zu durchstreifen.

Als kurze Zeit später die Sklaverei abgeschafft wurde, adoptierten Moses Carver und seine Frau Susan den kleinen George und dessen Bruder. Susan Carver brachte den wissbegierigen und aufgeschlossenen Kindern Rechnen und die Grundlagen der englischen Sprache bei.

George Carver nutzte die Möglichkeiten, die sich ihm boten. Er liebte die Natur, freute sich an der Sonne, dem Wind, studierte die Entwicklung der Pflanzen und erkannte nach und nach entscheidende Zusammenhänge. Aus dem körperlich so schwachen Kind wurde ein Fachmann für Pflanzenkunde. Vor allem die Blumen im Garten gediehen prächtig unter seinen Händen; er beobachtete sie, redete sogar mit ihnen und erkannte ihre Geheimnisse. Der Junge wurde zu einem ausgewiesenen Experten. Sein Wissen und Können sprach sich herum, sodass sich bald die Nachbarn bei Pflanzensorgen an George wandten, der beeindruckende Erfolge auch bei scheinbar hoffnungsvollen Fällen erzielte.

Aber der wissbegierige Junge hatte ein großes Ziel. Er wollte immer mehr lernen, denn sein Plan war klar: Er wollte Botaniker werden. Voller Neid beobachtete er die weißen Kinder, die in die Schule gehen durften. Doch für ihn war dieser Weg nicht so einfach. Die nächste Schule für afroamerikanische Kinder befand sich acht Meilen entfernt von der Farm, auf der er lebte. Um sein Ziel zu erreichen, musste er sich daher mit zwölf Jahren schweren Herzens von seiner Pflegefamilie trennen. Moses und Susan Carver bedauerten dies sehr und ließen George nur ungern ziehen.

Er zog nach Fort Scott, eine Stadt im Bundesstaat Kansas, weil er hoffte, dort eine bessere Schulbildung zu erhalten. In der Stadt konnte der ambitionierte Junge zunächst etwas Geld verdienen, indem er für eine Familie kochte. Es wurde ihm sogar erlaubt, bei dieser Familie auf der Veranda zu übernachten. Mit seinem Lohn bezahlte George sein Schulgeld und kaufte sich eine kleine Hütte. So schien sich alles gut zu entwickeln. Als jedoch ein Afroamerikaner in seiner Nähe einem Lynchmord zum Opfer fiel, beschloss er, die Stadt zu verlassen, und zog nach Minneapolis, um dort seinen Schulabschluss zu machen.

Als Afroamerikaner hatte es George Carver nicht leicht. Viele Entbehrungen nahm er in Kauf für seinen Traum, eine Ausbildung absolvieren zu können. Er akzeptierte jede Arbeit, die sich ihm bot, um sein Leben und seine Ausbildung zu finanzieren. Oft hungerte er wochenlang, um so sparsam wie möglich zu leben. Sobald er genügend Geld beisammen hatte, besuchte er wieder einige Zeit lang die Schule. Unzählige Demütigungen musste George ertragen, aber er war zäh und schlug sich durch, denn er hatte stets sein Ziel vor Augen.

Der Erfolg gab Carver recht und seine Beharrlichkeit zahlte sich aus: Er machte seinen Schulabschluss an der *Minneapolis High School* und bewarb sich an verschiedenen Colleges. Zunächst erhielt er mehrere Absagen aufgrund seiner

Hautfarbe. Doch dann hatte er Erfolg. George Carver war 1891 der erste Afroamerikaner, der sich am *Iowa State College* einschrieb. Er wählte die Schwerpunkte Landwirtschaft und Kunsthandwerk, denn er hatte im Laufe der Zeit entdeckt, dass neben der Botanik auch Kunst und Musik zu seinen herausragenden Begabungen gehörten.

George war einer der beliebtesten Studenten auf dem Campus. Auf unterschiedliche Weise engagierte er sich am College: als Leiter des YMCA (in Deutschland bekannt als CVJM) und des Diskussionsklubs sowie als Sporttrainer. Seine Gedichte wurden in der Studentenzeitung veröffentlicht; zwei seiner Gemälde wurden in der *World Columbian Exposition* ausgestellt. Um Verwechslungen mit anderen Studenten gleichen Namens auszuschließen, nannte er sich George Washington Carver.

Entsprechend seiner vielseitigen Begabungen wollte er beides – Wissenschaftler und Künstler werden. Bald jedoch erkannte er, dass er als Afroamerikaner im Kunstbereich wenig Chancen haben würde. So richtete er seinen Fokus auf die Wissenschaft. In diesen Jahren legte er die Grundlage für seine Karriere als exzellenter Botaniker und brillanter Wissenschaftler. Nach seinem Abschluss beschloss er, weiterhin an der Universität zu arbeiten, und wurde als erster Afroamerikaner Mitglied der Fakultät. 1896 mit vermutlich 32 Jahren wurde ihm der Titel eines Magisters der Landwirtschaft verliehen. George Washington Carver schien am Ziel seiner Träume angekommen zu sein.

Eines Tages erhielt er einen Brief von Dr. Booker T. Washington, dem Präsidenten des *Tuskegee-Instituts* in Alabama, einer Ausbildungsstätte für Afroamerikaner. In dem

Schreiben hieß es: „Unsere Studenten sind arm, oft hungern sie. Sie reisen auf den schlechten Straßen der Armut. Wir lehren sie lesen und schreiben, aber Worte können Mägen nicht füllen."

Carver nickte. Diese Erfahrungen kannte er zur Genüge, hatte er doch selbst während seiner Ausbildung oft genug Hunger gelitten.

Weiter schrieb Dr. Washington: „Ich kann Ihnen kein Geld, keinen Rang und keinen Ruhm bieten. Geld und Rang haben Sie, Ruhm werden Sie auf Ihrem jetzigen Arbeitsfeld zweifellos gewinnen. Ich bitte Sie, das alles aufzugeben."

Er bot Carver eine große Aufgabe an: Menschen einen Weg aus Erniedrigung, Armut und Leere zu zeigen. Was für ein herausfordernder Auftrag! Doch dafür müsste Carver seine gut dotierte und hart erarbeitete Anstellung am *Iowa State College* aufgeben. Stundenlang wanderte er, tief in Gedanken versunken, über das schöne Universitätsgelände.

Tat sich hier für ihn eine ganz neue Aufgabe auf? War dies der Platz, an dem ihn Gott haben wollten? Schließlich kehrte er in sein Zimmer zurück, griff nach Stift und Papier und schrieb an Dr. Washington: „Ich komme."

In Tuskegee erwartete Carver eine ganz andere Welt. Er hatte kein großes Labor zur Verfügung und die Erde, die ihm für seine Versuche zur Verfügung gestellt wurde, war trocken und unfruchtbar. Auch die Studenten, mit denen er arbeiten sollte, schienen völlig desinteressiert zu sein. Worauf hatte er sich hier nur eingelassen? Doch George Washington Carver hatte schon viele Schwierigkeiten in seinem Leben bewältigt. Er nahm auch diese Herausforderung engagiert an.

Gemeinsam mit seinen Studenten richtete er ein provisorisches Labor ein. Sie bearbeiteten den harten Boden, pflügten und düngten und rangen der steinigen Erde in mühsamer Arbeit fruchtbaren Ackerboden ab. Dann wurde angepflanzt. Die Studenten staunten nicht schlecht, als statt der Baumwolle, wie sie üblicherweise in den Südstaaten angebaut wurde, zunächst Saubohnen, im folgenden Jahr Süßkartoffeln und dann erst die erwartete Baumwolle angebaut wurden. Noch überraschter waren sie jedoch, als der Ernteertrag aufgrund dieser Fruchtfolge mehr als doppelt so hoch war wie auf den umliegenden Feldern. Die Arbeit und die Erträge des *Tuskegee-Instituts* erregten zunehmend Aufmerksamkeit und Bewunderung.

Doch George Washington Carver wollte mehr. Sein Ziel war es, dass alle Farmer in der Umgebung von seinen Erfahrungen und Erfolgen profitierten. So erwarb er einen Eselskarren, mit dem er über Land fuhr und gemeinsam mit seinen Studenten den Farmern die neuen Erkenntnisse beibrachte. Die Menschen ließen sich nach einigem Zögern überzeugen und führten die innovative Art der Landwirtschaft nach der Methode Carvers ein. Die Baumwollfelder gediehen; Alabamas Äcker wurden fruchtbar. Allmählich entwickelte sich aus dem einfachen Wagen eine komplett eingerichtete mobile landwirtschaftliche Versuchsstation, mit der immer mehr Dörfer betreut werden konnten. Carver bezeichnete dieses Projekt später als sein wichtigstes und effektivstes.

Doch dann kam die Katastrophe – in Form des kleinen schwarzen Baumwollkapselkäfers. Carver hatte die Farmer unermüdlich gewarnt, nicht auf Baumwollmonokultur zu setzen, doch vergeblich. Baumwolle war ertragreich, deshalb wollte niemand auf diese Gewinne verzichten. So nahm das

Unheil seinen Lauf. Im Jahr 1914 fiel der gefräßige Käfer unbarmherzig ein und hinterließ auf den Baumwollfeldern Alabamas nur noch leere Hülsen, während auf den Feldern des *Tuskegee-Instituts* frisch gepflanzte Erdnusspflanzen wuchsen.

Hilfe suchend wandten sich die Farmer in ihrer Not an Professor Carver. Wie sollten sie die kaputten Baumwollfelder rekultivieren? Auf Anraten von Carver wurden die Baumwollreste untergepflügt und Erdnüsse angebaut, die den Boden mit Stickstoff anreicherten. Wieder gab der Erfolg ihm recht. Überall wuchsen die Erdnusspflanzen. Aber dann passierte etwas völlig Unerwartetes: Das Land wurde von riesigen Mengen Erdnüssen überschwemmt. Die Preise fielen ins Bodenlose. Diese Überproduktion schien die Farmer in den Ruin zu führen.

George Carver zog sich in sein Labor zurück. Wie konnte er den Farmern helfen? Er betete und experimentierte, plante und probierte. Als er schließlich sein Labor nach tage- und nächtelanger Arbeit verließ, war er erschöpft, aber zufrieden. In intensiver Forschungsarbeit hatte er unzählige Möglichkeiten der Verwertung und Verwendung von Erdnüssen entwickelt: Farbe, Süßigkeiten, Brot, Tinte, Seife, Wurst, Öl … die Liste schien unendlich. Etwa 300 Möglichkeiten entdeckte George Washington Carver, wie Erdnüsse sinnvoll genutzt werden können.

1921 erhielt Professor Carver eine Einladung von der Regierung in Washington, um über seine Erfahrungen mit Erdnüssen zu reden. Damit war er der erste Afroamerikaner, der als Experte von der amerikanischen Regierung gehört wurde. Die Abgeordneten, die zunächst sehr skeptisch waren, hörten immer begeisterter zu. Aus den zehn Minuten, die ihm für sein Referat zugestanden worden waren, wurden zwei Stunden, in denen Carver den beeindruckten Senatoren von den Geheimnissen der Erdnuss berichtete.

„Wo haben Sie das alles gelernt?", fragte ihn schließlich einer der faszinierten Zuhörer.

„Aus einem Buch – aus der Bibel", erklärte Carver zum Erstaunen der Politiker. „Dieses Buch lehrt, dass Gott uns alles zu unserem Nutzen gegeben hat. Er hat mir einige Wunder der Früchte seiner Erde gezeigt."

Zeitlebens war der Vers aus 1. Mose 1,29 für George Washington Carver die Grundlage seiner wissenschaftlichen Forschung: „Seht, als Nahrung gebe ich euch alle Pflanzen, die Samen tragen, und die Früchte, die überall an den Bäumen wachsen."

Viele Ehrungen wurden dem „Erdnussmann" im Laufe seines Lebens zuteil. 1939 wurde ihm die Theodore-Roosevelt-Medaille verliehen. Die Widmung lautete: *Einem Wissenschaftler, der demütig die Führung Gottes sucht; einem Befreier weißer wie schwarzer Menschen.*

George Washington Carver starb 1943. Da er unverheiratet war, vermachte er sein großes Vermögen einer Stiftung.

Quellen:
Elliott, Lawrence: *Der Mann, der überlebte*. Friedrich Bahn Verlag, Konstanz 1987.
Van Vechten Hold Saunders, Margaret: *Der Pflanzendoktor George Washington Carver*. List-Verlag, München 1949.

Die Entdeckung des Penicillins

Alexander Fleming (1881–1855)

Im August 1928 unternahm der britische Arzt und Wissenschaftler Alexander Fleming etwas, das sein Leben und das der ganzen Welt verändern sollte: Er machte sich gemeinsam mit seiner Frau und seinem Sohn auf zu einer langen Urlaubsreise.

Diesen Urlaub hatte Alexander Fleming sich redlich verdient, hatte er doch als Bakteriologe schon einige bahnbrechende Entwicklungen auf den Weg gebracht. Sogar ein erstes natürliches Antibiotikum hatte er mit der Entdeckung von Lysotym erforscht. Aber leider zeigte dieses Medikament nicht die erhoffte durchschlagende Wirkung. Als Wissenschaftler im Bereich der Bakteriologie hatte Fleming sich weltweit einen großen Namen gemacht, doch ein wirklicher Durchbruch in der Behandlung von Infektionskrankheiten war ihm zu seinem großen Leidwesen trotz größter Anstrengung bisher noch nicht gelungen.

In jenen Sommertagen 1928 war es nun an der Zeit, endlich einmal auszuspannen und mit der Familie eine längere Auszeit zu nehmen.

So herausragend seine Arbeit als Wissenschaftler war, so

chaotisch waren die Zustände im Labor des Dr. Fleming. Daher war es nicht verwunderlich, dass – als er Anfang September aus dem Urlaub zurückkam – noch einige Petrischalen mit Inhalt im Abfluss lagen. Er hatte sie vor seiner Abreise schlichtweg vergessen. In den Wochen seiner Abwesenheit hatten sich nun die Bakterienstämme in den flachen Glasschalen munter weiter vermehrt. Einige der Staphylokokkenkulturen waren sogar mit Pilzstämmen verunreinigt; in einem biologischen Labor kein ungewöhnlicher Vorgang. Doch an jenem denkwürdigen Tag sollte dies die Medizinwelt grundlegend revolutionieren.

Als Fleming den Inhalt der Glasschalen näher betrachtete, entdeckte er nämlich, dass die Bakterien rund um die Schimmelpilze abgestorben waren. Offensichtlich sonderte der Pilz eine bakterientötende Substanz ab. Er war wie elektrisiert, denn er hatte schon lange nach einem Wirkstoff gesucht, der die krank machenden Bakterien abtötete, ohne gleichzeitig das Leben der Patienten zu gefährden. Dies war die Initialzündung für die Entwicklung von „Penicillin", wie dieser Stoff später von Fleming genannt wurde.

Mit dem ihm eigenen Humor berichtete er im Rückblick, man habe ihn bezichtigt, das Penicillin erfunden zu haben. „Erfinden ließ sich das Penicillin von keinem Menschen, denn es wurde vor undenklichen Zeiten von (…) einem gewissen Schimmelpilz hervorgebracht."

Doch der Weg von den vergessenen Bakterienkulturen über Schimmelpilze zum Penicillin war kein gradliniger. Als Forscher ging Fleming zunächst von Niederlage zu Niederlage. Niemand schien Notiz von seiner bahnbrechenden Entdeckung zu nehmen. Aber gerade aus diesen Erfahrungen konnte er viel lernen. Sein Grundsatz lautete: „Man muss seine Tagesarbeit tun, dabei aber gewärtig sein, auf Unerwartetes zu stoßen und dessen Bedeutung abzuschätzen."

Anfangs gelang es dem Wissenschaftler zwar, die bakterizide Wirkung des Antibiotikums nachzuweisen, aber er konnte das aus den Schimmelpilzen gewonnene Produkt nicht so extrahieren, dass es als Arzneimittel nutzbar gewesen wäre. Dazu brauchte er die Unterstützung von Kollegen. Nach langjährigen Forschungen erreichten dies die beiden Wissenschaftler Howard Walter Florey und Ernst Boris Chain. Erst im Jahr 1941 wurde schließlich mit dem daraus hergestellten Antibiotikum der erste Patient erfolgreich behandelt.

1945 erhielten Alexander Fleming, Howard Walter Florey und Ernst Boris Chain für ihre Entdeckung des Penicillins den Nobelpreis für Medizin.

Alexander Fleming selbst betrachtete sich als ein „Werkzeug, das bis zu gewissem Grade die Summe menschlichen Leidens vermindert hat".

In der Folge seiner Entdeckung wurde er mit Ehren überhäuft. Auf seinen Weltreisen erlebte er immer wieder, wie Kranke, denen sein Penicillin geholfen hatte, ihm für seine lebensrettende Entwicklung dankten. Dabei war ihm selbst klar, dass dies nicht seine persönliche Leistung war. Nie sprach er im Zusammenhang mit Penicillin von einer „Erfindung". Der Wissenschaftler war sich bewusst, dass diese bahnbrechende und für so viele Menschen lebensrettende Erfindung ein Geschenk Gottes war. Er erklärte, als er einmal nach seinem Erfolg gefragt wurde: „Ich nehme an, Gott wollte das Penicillin und hat darum Alexander Fleming geschaffen."

Quellen:

The Guardian, Ausgabe vom 12.03.1955.

Christof Goddemeier: *Alexander Fleming (1881–1955): Penicillin.* In: *Deutsches Ärzteblatt,* Bd. 103 (2006), H. 36, S. A2286.

https://www.kirche-im-swr.de/?page=manuskripte&id=9517, abgerufen am 06.12.2018.

Maischberger, Sandra (Hrsg.): *Die musst du kennen – Menschen machen Geschichte.* Bertelsmann Verlag, München 2004.

Pfarrer, Häftling und Sozialreformer

Toyohiko Kagawa (1888–1960)

Vom Unglück verfolgt
Mit vier
Die Eltern verloren
Mit sechzehn
Den Bruder verloren
Wie einsam bin ich doch!

Diese Verse verfasste der Japaner Toyohiko Kagawa 1904 und beschrieb damit die ersten 16 Jahre seines Lebens.

Geboren wurde er als Sohn eines erfolgreichen Geschäftsmanns und Politikers sowie einer Geisha, die eine von mehreren Geliebten seines Vaters gewesen war. Als er vier Jahre alt war, starben kurz nacheinander seine Eltern. Nun fühlte sich die Ehefrau seines verstorbenen Vaters in der Pflicht, den verwaisten Jungen aufzunehmen. Doch dies war keine gute Lösung für Toyohiko. Seine Stiefmutter betrachtete ihn als unerwünschten Eindringling und ließ ihn das auch deutlich spüren. Psychische und physische Misshandlungen gehörten zu seinem Alltag. Der kleine Junge fühlte sich unendlich verlassen und vereinsamte immer mehr. Später beschrieb er diese Phase seines Lebens als eine Symphonie aus Tränen und Lachen. „Tränen sind eine lieblose Speise", das war seine Erfahrung in diesen Jahren.

Schließlich bat Toyohiko in seiner Not seinen sechzehn Jahre älteren Bruder um Hilfe. Dieser hatte Verständnis für die schwierige Lage seines kleinen Bruders, nahm ihn mit nach Tokushima und bezahlte sogar das Schulgeld. Doch glücklich war Toyohiko auch in der neuen Umgebung nicht, zumal er nach kurzer Zeit an Tuberkulose erkrankte. Aber er kam in seiner neuen Schule zum ersten Mal in Kontakt mit Christen und deren Glauben beeindruckte ihn so sehr, dass er heimlich begann, zu diesem Gott zu beten. Immer wieder bat er: „Herr, lass mich an dich glauben!"

Als Toyohikos Bruder 1904 starb, fühlte sich der 16-Jährige vollends alleingelassen. Wie sollte es nun weitergehen? Wer sollte sein Schulgeld bezahlen? Zunächst kam ein wohlhabender Onkel für die Kosten auf, doch nur unter bestimmten Bedingungen: „Toyohiko, du darfst bei diesen Leuten Englisch lernen, aber glaube nicht an das Christentum. Es ist eine schlechte Religion", schärfte ihm der Onkel ein. Hatte der Mann doch ehrgeizige Pläne mit seinem Neffen: Wie sein Vater sollte Toyohiko entweder Politiker oder Geschäftsmann werden.

Doch der Junge hielt sich nicht an die Vorgaben seines Onkels. Heimlich betete er weiterhin, oft abends unter der Bettdecke. Schließlich ließ er sich taufen und bekannte sich damit öffentlich zum christlichen Glauben. Als er zudem erklärte, dass er Pfarrer werden wolle, war dies für seinen

Onkel Anlass genug, den Neffen zu enterben und aus der Familie auszuschließen.

Wieder stand Toyohiko völlig verlassen da, doch jetzt hatte er ein Ziel vor Augen, das er beharrlich verfolgte: Er bat die örtliche Missionsstation um Hilfe und konnte dort seine Schulbildung abschließen. Anschließend begann er in Tokio mit der Ausbildung zum presbyterianischen Pfarrer. Als er in Toyohashi eine Stelle als Assistent bei dem dortigen Pfarrer Nagao Ken erhielt, der ihm bald ein guter Freund wurde, schien Toyohiko endlich seinen Platz gefunden zu haben.

Beeindruckt realisierte er, wie Nagao Ken seinen Glauben ganz praktisch lebte, indem er sich um die Armen in der Stadt kümmerte. So wollte Toyohiko auch leben.

„Als ich 19 Jahre alt war, entdeckte ich im Leben von Nagao Ken, dass es aufgrund von Armut und religiösem Tun so gedeiht … In ihm sah ich die Lebenskunst bis an ihre Grenzen. Ich studierte sein Leben und empfahl es anderen weiter (…) Er lehrte mich das wahre Christentum in Japan“, schrieb er später im Rückblick.

Toyohiko wollte unbedingt seinem Vorbild nacheifern. Er berichtete: „Ich war 19 Jahre alt und verbrachte den Sommer in Toyohashi. Dort predigte ich jeden Tag, 40 Tage lang, auf der Straße. Am vierzigsten Tag setzte, während ich noch redete, ein Regen ein. Seit einer Woche war meine Stimme schwächer geworden. Als es regnete, konnte ich mich vor Schwäche kaum noch aufrecht halten. Ich fühlte mich entsetzlich durchfroren (…) Ich beschloss aber – möge geschehen, was da wolle –, meine Predigt zu beenden.“

Nach diesem Erlebnis wurde Toyohiko, der aufgrund seiner Tuberkulose bereits gesundheitlich angeschlagen war, schwer krank. Zwar erholte er sich, aber immer wieder hatte er in den folgenden Jahren, in denen er sein Studium weiterführte, mit verschiedenen schweren Krankheiten zu kämpfen. Diese vielen Krankheiten und die körperliche Schwäche führten 1909 zu einer schweren Depression. Um ihn schien nur noch Dunkelheit zu sein. Die innere Not wurde immer unerträglicher, er fand keinen Weg mehr aus seiner Verzweiflung.

Als er am Tiefpunkt seiner Depression angelangt war, schrieb Toyohiko Kagawa sein Buch *Philosophie der Verneinung*. In dieser Schrift fasste er seine ganze Not, seine Glaubenszweifel und seine Hoffnungslosigkeit in Worte.

Für den verzweifelten jungen Mann wurde dies zum Wendepunkt in seinem Leben. Mit seinem Buch befreite er sich selbst aus seiner inneren Not. Er gewann wieder neuen Mut, überwand seine Zweifel und fand die Kraft, sein Leben ganz neu in die Hand zu nehmen und zu gestalten.

Zuerst erklärte Toyohiko seinem erstaunten Theologieprofessor, nicht als Pfarrer arbeiten zu wollen. Er wollte ganz praktisch als Sozialarbeiter den Menschen helfen. Von diesem festen Entschluss konnte ihn niemand abbringen. Weihnachten 1909 bezog er eine Wohnung im Armenquartier in Kobe. Die folgenden vierzehn Jahre seines Lebens gehörten einer aufopferungsvollen und hingebungsvollen Arbeit unter den Ärmsten der Armen. Unterstützt wurde er dabei von seiner Frau Haruka Shiba, die er 1913 geheiratet hatte.

1914 wurde Toyohiko klar, dass seine Arbeit sehr viel effektiver sein könnte, wenn er eine entsprechende Ausbildung hätte. So absolvierte er ab 1914 ein Studium in Volkswirtschaft und Soziologie an der *Princeton University* in den USA. Das zahlte sich aus: Nach seiner Rückkehr aus den

USA setzte er das Gelernte konsequent um. Er organisierte eine Arbeiterwohlfahrt, um Bedürftigen die Möglichkeit zu schaffen, billiger einzukaufen. 1921 gründete er eine Bauernvereinigung, 1922 eröffnete er in Osaka die erste Abendschule für Arbeiter. Als er die Arbeiter beim Streik der Arbeiterbewegung unterstützte, landete er zweimal im Gefängnis.

1923 wurde Japan von einem fürchterlichen Erdbeben heimgesucht. Die Folge waren über 100.000 Todesopfer und fast fünf Millionen Obdachlose. Angesichts dieser schrecklichen Not waren Toyohikos Fachkenntnisse gefragt. Obwohl er aufgrund seiner sozialen Aktivitäten öfter in Konflikt mit der japanischen Regierung gekommen und auch mehrmals verhaftet worden war, wurde er nun von dieser Regierung in die Reichswirtschaftskommission berufen. In seiner neuen Funktion veranlasste er bahnbrechende Entwicklungen in verschiedenen sozialen Bereichen. Auf seine Initiative hin wurde die Sozialgesetzgebung Japans grundlegend reformiert. Er vergaß jedoch nicht, dass sein christlicher Glaube die Grundlage seines Lebens war. 1930 begann er ein Projekt, in dem Laien gleichzeitig sowohl als Prediger als auch für die Organisation von Arbeiter- und Bauerngenossenschaften ausgebildet wurden.

Wegen seiner pazifistischen Einstellung war Toyohiko schockiert über Japans Eintritt in den Zweiten Weltkrieg und protestierte öffentlich dagegen. Wieder kam er in Konflikt mit der Regierung und wurde verhaftet. Nach Kriegsende 1945 lehnte er ihm angebotene Regierungsposten ab und widmete sich engagiert dem Wiederaufbau des zerstörten Landes.

Toyohiko Kagawa verfasste mehr als 130 volkswirtschaftliche, soziologische und theologische Bücher sowie Gedichte und Romane, darunter 1920 eine autobiografische Novelle. Er war einer der bedeutendsten ökumenischen Sozialreformer, der Glaube und soziales Engagement in sich vereinigte.

Er selbst schrieb über sein Leben: „Man braucht nicht weit nach Wundern zu suchen. Ich selbst bin ein Wunder. Sowohl meine körperliche Geburt wie die Existenz meiner Seele sind ein Wunder."

Quellen:

Van Drey, Carl: *Toyohiko Kagawa – ein Samurai Jesu Christi*. Christliches Verlagshaus, Stuttgart 1988.

Bruns, Hans: *Entschieden für Jesus – Selbstzeugnisse bekannter Männer und Frauen*. Schriftenmissionsverlag, Gladbeck 1946.

Axling, William: *Kagawa*. Verlag Friedrich, Bad Pyrmont 1946.

Eine außergewöhnliche Kathedrale

Justo Gallego Martínez

Die Kathedrale, die seit über fünfzig Jahren im spanischen Mejorada del Campo unweit von Madrid entsteht, ist etwas ganz Besonders; das erkennt der Besucher bereits von Weitem an der Optik: Die Säulengänge bestehen aus alten Lkw-Reifen, die Ziegelsteine haben Löcher und wurden aufrecht verbaut. Das Baumaterial setzt sich größtenteils aus Schrott und Abfall zusammen. Doch wer sich das 55 Meter lange, 25 Meter breite und bisher 35 Meter hohe Bauwerk genauer ansieht, der entdeckt: Hier entsteht etwas ganz Besonderes.

Nicht nur das Gebäude, seine Ausmaße und das Baumaterial sind beeindruckend, auch der Bauherr ist ein ganz besonderer Mensch. Der mittlerweile über 90-jährige Spanier „Don Justo", wie er von allen genannt wird, baut seit 1962 an diesem Gotteshaus. Er arbeitet meistens allein und er ist unerschütterlich, egal, was andere über ihn sagen. Dabei besitzt er weder eine Ausbildung noch die finanziellen Mittel für solch ein Bauwerk, doch er besitzt etwas anderes – einen großen Glauben, viel Gottvertrauen und ein Lebensziel: eine Kathedrale aus Dankbarkeit Gott gegenüber zu bauen.

Einst hatte Don Justo ganz andere Lebenspläne. Mönch wollte er werden und trat als junger Mann in das Trappistenkloster von Santa María de Huerta ein. Doch dann kam alles ganz anders. Bereits vor der Ablegung seiner Profess ereilte ihn ein Schicksalsschlag, der seinem Leben plötzlich eine völlig neue Wendung gab. Eine schwere Tuberkuloseerkrankung zwang ihn, das Kloster zu verlassen. Lange Zeit lag er im Krankenhaus und kämpfte um sein Leben. Nach seiner unerwarteten Genesung legte Don Justo ein Gelübde ab: Er würde eine Kathedrale bauen.

Auf einem ererbten Grundstück begann er, das Projekt umzusetzen, ohne Baugenehmigung und ohne Bauplan. Das Fundament hob er eigenhändig aus; die ersten Mauern baute er aus herumliegenden Steinen, immer wieder belächelt von den Menschen um ihn herum. Doch Don Justo ließ sich nicht abhalten und arbeitete unermüdlich an diesem Bau zur Ehre Gottes. Sein Wissen holte er sich aus Büchern und schaute sich vieles von anderen Kirchen ab. Finanziert wird das Gotteshaus bis heute aus Spenden. Das Baumaterial besteht zum Großteil aus Dingen, die andere nicht mehr gebrauchen können: Steine, Glas, Holz, Stahl und Zement und manchmal auch alte Autoreifen, Konservendosen und ausrangierte Treibstofffässer. Im Lauf der Jahre wuchs das Bauwerk und nahm Gestalt an. Es beinhaltet alles, was zu einer Kathedrale gehört: eine Krypta, Sakristeien und einen Kreuzgang.

Inzwischen wird Don Justo längst nicht mehr nur belächelt. Die Bewunderung für seinen beharrlichen Einsatz überwiegt. Immer wieder finden sich Helfer ein, die mit anpacken. Oft erhält er Unterstützung von Architekten und Bauunternehmern, die ihm bei dem riesigen Bauwerk mit Rat und Tat zur Seite stehen. Er wolle kein Geld anhäufen, denn er sei bereits reich an Freude und Erfüllung durch die Güte Gottes, erklärt der Bauherr.

Als Justo Gallego Martínez vor vielen Jahren mit einigen Steinen sein Lebenswerk auf dem Grundstück seiner Mutter begann, wurde er nicht ernst genommen. Doch er ließ sich nicht beirren und arbeitete unermüdlich, unbeeindruckt von der Meinung seiner Mitmenschen.

„Jeder glaubte, ich würde bald wieder aufgeben. Einen Verrückten haben sie mich genannt und die Kinder warfen Steine nach mir. Heute sind diese Kinder Großeltern. Und ich baue immer noch!"

Inzwischen lacht niemand mehr über Don Justo. Im Gegenteil: Immer mehr Leute pilgern zu dem einzigartigen Gotteshaus. Sogar das New Yorker *Museum of Modern Art* hat der außergewöhnlichen Kathedrale eine Fotoausstellung gewidmet.

Immer wieder muss Don Justo Interviews geben. Fernsehanstalten berichten über den Mann, der unbeirrt an seiner Berufung festhält: eine Kathedrale zu bauen zur Ehre Gottes mit den Gaben, die ihm in sein Leben gelegt wurden.

Don Justo ist überzeugt davon, dass jeder Gott das schuldet, was er hat: „Und wenn ich Gold besitze, darf ich ihm kein Silber geben. Mein Glaube ist groß, und ein großer Glaube verlangt nach großen Taten."

Wann die Kathedrale wohl fertig ist? Der Bauherr weiß es

selbst nicht. Es wird noch eine Weile dauern. Für den Fall seines Todes vermacht er die Kathedrale der Diözese von Alcala de Henares. Was die Diözese damit machen wird, ist noch unklar.

Doch Don Justo ist überzeugt, dass sein Gotteshaus fertig werden wird, auch wenn er selbst es nicht mehr erleben sollte. Das sei das Vermächtnis, das Beispiel, das er geben wolle, sagt er. Sein Wunsch ist es, dass seine Idee auch nach ihm weiter besteht und Kraft entfaltet, damit andere angesteckt werden wie ein Feuer durch einen Funken – zur Ehre Gottes und aus Dankbarkeit.

Quellen:
Hamburger Abendblatt, 05.10.2005.
Süddeutsche Zeitung, 12.04.2017.
https://www.evangelisch.de/inhalte/5181/16-07-2012/die-do-it-your-self-kathedrale-vor-den-toren-madrids, abgerufen am 06.12.2018.
DIE ZEIT Nr. 53/2016, 21.12.2016.

Der verrückte weiße Bauer

Tony Rinaudo

Der Australier Tony Rinaudo hat zweifellos den berühmten grünen Daumen, das lässt sich sogar vom Weltall aus erkennen. Denn selbst auf Satellitenbildern kann man sehen: Dort, wo früher afrikanische Wüste war, wachsen heute grüne Wälder. Tony Rinaudo, der australische Waldmacher, hat Afrika verändert.

Australien, 1981: Im Alter von 24 Jahren machte sich der junge Agrarwissenschaftler Tony mit seiner Frau Liz und seinem sechs Monate alten Sohn Ben auf den Weg in den Niger, eines der ärmsten Länder der Sahelzone.

Als kleiner Junge hatte er Gott gebeten: „Mach mich zu einem Werkzeug, das die Welt ein wenig besser macht." Nun war er mit seiner Familie im Niger und war überzeugt, an dem Platz zu sein, an den Gott ihn gestellt hatte, um den Hunger der Menschen in der Welt zu verringern. Und Tony machte sich mit viel Engagement ans Werk. Um den Hunger zu bekämpfen, sollte die Produktion der Landwirtschaft vergrößert und die Ausbreitung der Wüste gestoppt werden. Das wirksamste Mittel hierfür war Aufforstung. So hatte es Tony Rinaudo während seines Studiums gelernt; so wurde es auch von unzähligen Landwirtschaftsfachleuten praktiziert.

Tony hielt sich an die Vorgaben, machte sich an die Arbeit und pflanzte unermüdlich Bäume. Rund 6.000 junge Bäumchen setzte er pro Jahr in den trockenen Sand Nigers, doch trotz größter Anstrengungen überlebten leider nur die allerwenigsten. Der Effekt seines Engagements war mehr oder weniger gleich null, denn die zarten Pflanzen konnten mit ihren schwachen Wurzeln nicht in der trockenen Erde Afrikas bestehen. Nach einigen Jahren erkannte Tony enttäuscht die Nutzlosigkeit seiner Arbeit. Fast verzweifelte er an dem, was er einst als seine Berufung angesehen hatte.

Als er wieder einmal mit seinem Geländewagen voller junger Setzlinge auf dem Weg zu einer neuen Pflanzaktion war, schaute er müde auf die endlose Weite: viel Sand, nur wenige Büsche und noch weniger Bäume. Er fuhr weiter, doch der Weg, der vor ihm lag, wurde zunehmend schlechter. Nur mühsam kam er mit seinem Wagen vorwärts. Fast schien es, als wäre dies ein Bild für sein eigenes Leben.

Schließlich stoppte Tony. Er musste den Luftdruck in den Reifen verringern, um nicht im weichen Sand stecken zu bleiben. Während er an den Reifen hantierte, wanderte sein frustrierter Blick über die weite Savanne und blieb an den kümmerlichen Pflänzchen hängen. Tag für Tag war er an ihnen vorübergefahren, doch heute war er ganz besonders entmutigt. Er begann an seinem Auftrag zu zweifeln und mit Gott zu hadern: Warum hatte dieser ihn in diese Wüste gesandt, wenn seine Arbeit und sein Einsatz doch vergeblich waren?

Doch mit einem Mal änderte sich sein Blickwinkel. Plötzlich fiel es ihm wie Schuppen von den Augen. Tony erkannte:

Bei diesen kümmerlichen Resten, die hier im Sand dahinvegetierten, handelte es sich nicht, wie er bisher angenommen hatte, um irgendwelche Stümpfe und Gebüsch. Das waren die zaghaften Triebe früher gefällter Bäume, die im Boden unter dem heißen Halbwüstensand ein ganzes Geflecht an Wurzeln hinterlassen hatten. Der zerstörte Wald war gewissermaßen in den Untergrund abgetaucht, um dort weiterzuwachsen. Diese kleinen grünen Blättchen waren sozusagen nur die Spitze eines Eisberges oder, wie es in Afrika heißt, „die Ohren eines Nilpferdes".

Diese Entdeckung traf Tony Rinaudo wie ein Schlag. Sie war für ihn eine Gebetserhörung. Plötzlich hatte er wieder Hoffnung! Er musste nicht mehr gegen die Wüste ankämpfen und Bäume pflanzen, die sowieso nicht überlebten, sondern einfach nur die zart keimenden Triebe und bereits fest wurzelnden kleinen Büsche hegen und pflegen. Weil die Sprösslinge auf die noch im Wurzelwerk gelagerten Nährstoffe, vor allem Zucker, zurückgreifen konnten, wuchsen sie meist in atemberaubendem Tempo zu ansehnlichen Bäumen heran. Es galt nur, diesen kleinen Pflänzchen eine Chance zu geben, sie zu schützen und zu beschneiden. Dazu musste man nicht einmal teure Setzlinge kaufen und mühsam einpflanzen. Ein ganzes neues System der Aufforstung war entdeckt. Rinaudo nannte es *Farmer Managed Natural Resources* (FMNR).

Zunächst war es jedoch wichtig, einerseits die offiziellen Stellen für dieses neuartige Projekt zu gewinnen und andererseits die Bauern zu überzeugen, dass sie die kleinen Büsche nicht vom hungrigen Vieh fressen ließen oder abbrannten, um Holzkohle zum Verkauf zu gewinnen. Beides war gar nicht so einfach. Denn die Menschen waren es gewöhnt, von der Hand in den Mund zu leben, und zudem auf kurzfristige Einnahmen angewiesen.

Es begann eine mühsame Überzeugungsarbeit. Tony und die wenigen Bauern, die sich auf sein Projekt einließen, wurden zunächst ausgelacht, ja sogar bedroht; ihre Bäume wurden gestohlen. Auch offizielle Stellen wollten sich nicht auf diese kostengünstige und anscheinend primitive Art der Wiederaufforstung einlassen, auf diese unsinnige Idee eines verrückten weißen Bauern.

Daher musste Rinaudo zuerst beweisen, dass seine Theorie auch der Praxis standhielt. Er zäunte ein Versuchsareal ein und schnitt die langsam heranwachsenden Büsche geduldig zu Bäumen zurecht. Und siehe da, der verrückte Weiße hatte Erfolg. Schon wenige Jahre später war aus dem öden Versuchsfeld ein spärlich bewachsenes Wäldchen geworden. Diese Methode, die zudem viel billiger war als die herkömmlichen Aufforstungsaktionen, funktionierte tatsächlich. Jetzt waren auch die schärfsten Kritiker überzeugt und Tony konnte sein Projekt in immer größerem Stil fortführen. Endlich gelang es ihm, weite Teile des Landes zu begrünen. Die Aufforstungsaktion entwickelte sich zu einer Erfolgsgeschichte.

Nach wenigen Jahren standen in der von Rinaudo betreuten Region im Niger auf jedem Hektar fünfundvierzig statt lediglich vier Bäume. Allein in diesem Land wurden sechs Millionen Hektar Land durch die neue Methode aufgeforstet. Die Bauern, die die FMNR-Methode auf ihren Äckern anwandten, konnten bis zu dreimal so hohe Ernteerträge einfahren als bisher.

Die Arbeit von Tony Rinaudo weitete sich mehr und mehr aus. Überall wurde man auf die neue, vielversprechende Aufforstungsmethode aufmerksam. Sie ließ sich auch auf andere Länder übertragen und veränderte die Landschaft in vielen Gegenden Afrikas.

Seit vielen Jahren unterstützt der Agrarökonom, dessen revolutionäre Idee einst von so vielen Menschen belächelt wurde, die Hilfsorganisation *WorldVision* als Landwirtschafts- und Wiederaufforstungsexperte in mittlerweile 24 Ländern. Für sein Lebenswerk erhielt er 2018 den „Alternativen Nobelpreis".

Für Tony Rinaudo ist FMNR nicht nur einfach ein effektives Aufforstungsprogramm, sondern ein Weg, Gottes Auftrag nachzukommen, das Land zu bebauen und zu bewahren, so wie es im ersten Buch Mose beschrieben ist. „Ich bin überzeugt, dass es Menschen gibt, die Gott näherkommen, wenn sie sich um seine Schöpfung kümmern", meint der Agrarwissenschaftler, dem afrikanische Bauern inzwischen den Ehrentitel „Chef aller Bauern" verliehen haben.

Und er begründet sein Engagement so: „Alles, was ich tue, geschieht aus meiner christlichen Überzeugung heraus, dass wir unsere Mitmenschen lieben und dass wir Gottes Schöpfung bewahren sollen. Menschen beizubringen, was sie tun können, um auf Gottes Schöpfung zu achten, ist eine wunderbare Art der Nächstenliebe."

Quellen:

Dieterich, Johannes (Hrsg.): *Tony Rinaudo – Der Waldmacher.* Verlag Rüffer & Rub, Zürich 2018.
Christliches Medienmagazin Pro, 5/2017.
https://www.worldvision.de/aktuell/2015/05/Tony-Rinaudo-FMNR, abgerufen am 07.12. 2018.

Ein langer Weg nach Brasilien

Fátima da Costa

Trübsinnig saß die zwölfjährige Fátima auf der Treppe vor dem Haus, in dem ihre Familie seit Kurzem wohnte, und starrte vor sich hin. Verärgert kickte sie die kleinen Kieselsteine hin und her, her und hin. Ihr war langweilig, grenzenlos langweilig. Dabei hatte sie vor einigen Tagen noch voller Freude gedacht, das große Los gezogen zu haben.

Nach dem Tod ihres Vaters war die Mutter mit Fátima und ihren beiden jüngeren Geschwistern von dem kleinen portugiesischen Heimatdorf in die große Stadt Porto gezogen. Sie hatten alle gehofft, dass dort das Leben für die verwaiste Familie leichter sein würde. Doch sie hatten sich getäuscht. Fátima fand sich in der großen Stadt nicht zurecht, insbesondere nicht in der neuen Schule. Sie verabscheute Schule, Lehrer und Mitschüler aus ganzem Herzen. So hatte sie vor einigen Tagen einen Entschluss gefasst und ihrer Mutter sehr energisch erklärt, nie wieder in diese blöde Schule gehen zu wollen.

Doch so einfach war das nicht. Die Mutter überlegte nicht lange und gab ihrer Tochter eine kräftige Ohrfeige, um ihr diese Flausen gleich wieder auszutreiben.

Aber Fátima hatte ihren Entschluss gefasst. Sie ließ sich nicht umstimmen, nicht durch Liebe und nicht durch Gewalt. „Und wenn du mich totschlägst, in die Schule gehe ich nicht mehr!"

Hilflos sah sich die Mutter der Entscheidung ihrer dickköpfigen Tochter ausgesetzt. Was sollte sie nur mit diesem Kind machen, das sich schon in so jungen Jahren keiner Regel und keiner Anweisung unterordnen wollte? Schließlich machte die Mutter einen klugen Vorschlag. Fátima konnte ihr Glück kaum fassen: Ein Jahr lang würde sie ihre Freiheit bekommen, sie würde tun dürfen, was sie wollte – und dann, wenn dieses Jahr der Freiheit vorbei war, würde man gemeinsam über Fátimas Zukunft beraten und entscheiden. Fátima strahlte. Das war mehr, als sie sich erträumt hatte: ein Jahr lang Unabhängigkeit, ein Jahr lang tun können, was sie wollte. Doch die Folgen und die Tragweite dieser plötzlichen Autonomie hatte sie nicht erahnt.

Nun waren die ersten Tage dieses Jahres vorbei – und Fátima langweilte sich unendlich. Die Nachbarskinder waren in der Schule, niemand kümmerte sich um sie. Fátima fühlte sich grenzenlos allein. Was sollte sie nur mit diesen vielen freien Stunden anfangen? Das lange Jahr der Freiheit schien vor ihr zu liegen wie ein zäher, ausgelutschter Kaugummi. Und das bereits nach wenigen Tagen!

Doch was dann geschah, bezeichnet Fátima im Rückblick als eine Aneinanderreihung von Wundern.

Zunächst erkannte die Nachbarin – eine Deutsche, die nach Portugal ausgewandert war – die Not des kleinen, bekümmerten Mädchens auf der Treppe. Sie überlegte, fragte nach und machte dann Fátimas Mutter ein spannendes

Angebot: Ob Fátima wohl gerne dieses schulfreie Jahr in Deutschland verbringen würde? Ihre Eltern würden sich über ein junges Mädchen aus Portugal freuen, das ihnen im Haushalt und bei Besorgungen ein wenig unter die Arme greifen könnte.

Erwartungsvoll schaute Fátima die Mutter an. Würde sie in dieses Abenteuer einwilligen und das Angebot der Nachbarin akzeptieren? Zu Fátimas großer Freude sagte ihre Mutter zu. Sie war erleichtert über diese Möglichkeit; hatte sie doch schon seit Längerem hilflos miterleben müssen, wie die Beziehung zu ihrer ältesten Tochter immer schwieriger geworden und schließlich aus dem Ruder gelaufen war. Warum sonst sollte Fátima die Schule verweigern und sich auf der Straße herumtreiben? Die Mutter schöpfte neue Hoffnung. Vielleicht war dieser Deutschlandaufenthalt ein guter Weg für ihre Tochter?

Stolz machte sich Fátima an die Vorbereitungen für die große Reise. Keine ihrer Freundinnen hatte jemals die Chance auf so ein großes Abenteuer gehabt! Gemeinsam mit der Nachbarsfamilie sollte sie zweieinhalb Tage mit dem Zug von Portugal durch Spanien und Frankreich nach Deutschland reisen. Was für ein spannendes Erlebnis! Anschließend würde sie mit der Familie noch drei Wochen Urlaub in Deutschland verbringen, um sich an die dortigen Lebensbedingungen zu gewöhnen. Nach einem weiteren Aufenthalt bei einer deutschen Familie, bei der sie die Grundlagen der deutschen Sprache lernen sollte, würde sie dann zu dem älteren Ehepaar nach Fulda reisen, um dort im Haushalt zu helfen. Fátima konnte den Beginn der Fahrt kaum noch erwarten.

Die Reise war aufregend und Fátima genoss die ersten

Wochen in Deutschland sehr. Dann reiste sie allein weiter nach Ludwigshafen zu der deutschen Familie, wo sie die Sprache erlernen sollte. Dort eignete sie sich ihre ersten deutschen Worte an. Doch sie lernte noch mehr: Sie lernte eine ganz neue Art von Glauben kennen. Hier war Gott nicht – wie sie es zu Hause in Porto erlebt hatte – eine drohende, Furcht einflößende Macht, mit der man es sich am besten nicht verscherzen sollte. Für ihre Gastfamilie war Gott ein liebender Vater, der auch sie, die bockige Fátima, voller Liebe annahm – sie, die sonst von allen abgelehnt wurde, weil sie sich einfach nicht anpassen wollte. Das war eine ganz neue Erfahrung. Am liebsten wäre Fátima hiergeblieben, wo sie sich so geborgen und angenommen fühlte. Doch das Ehepaar in Fulda brauchte Unterstützung, wartete sehnsüchtig auf Fátima und fragte energisch nach, wo denn die junge portugiesische Haushaltshilfe bliebe.

Schließlich machte sich Fátima auf den Weg nach Fulda. Dort fand sie ihren Platz und wurde zu einer unentbehrlichen Hilfe für das Ehepaar. Aus dem einen Jahr wurden neun Jahre, in denen sie die alten Eltern ihrer ehemaligen Nachbarn aufopferungsvoll unterstützte.

Schließlich kam die Frage auf, wie sie sich denn ihre Zukunft vorstellte. Fátima war jung und unbegrenzt konnte sich in dem Haus der Senioren nicht aufhalten. Sie hatte zudem weder einen Schul- noch einen Berufsabschluss.

Fátima überlegte nicht lange. „Missionarin" wollte sie werden. Immer wieder hatte sie voller Begeisterung die Berichte von Missionaren in der deutschen Kirchengemeinde gehört, der sie sich in Fulda angeschlossen hatte. Deren Leben schien spannend und abwechslungsreich zu sein. So etwas würde ihr auch gefallen, meinte sie. Doch zunächst einmal rieten ihr ihre Freunde von der Kirche ab. Fátima hatte ja noch nicht einmal einen Hauptschulabschluss; wie sollte dies denn gehen?

So machte sich Fátima auf und fragte auf dem Schulamt nach. Dort wurde ernst mit dem Kopf geschüttelt. Sie habe gegen deutsches Gesetz verstoßen, indem sie sich jahrelang der Schulpflicht entzogen habe, wurde ihr gedroht. Fátima erschrak, doch dann erhielt sie einen Stapel Bücher mit dem Hinweis: Wenn sie dies alles gelernt hatte, könnte sie sich für eine Schulfremdenprüfung anmelden.

Und das junge Mädchen, das in Portugal den Schulbesuch verweigert hatte, fing an, die deutschen Schulbücher zu studieren. Tatkräftig unterstützt von Freunden bestand sie tatsächlich nach einem Jahr die Hauptschulabschlussprüfung und absolvierte im Anschluss eine Ausbildung zur Krankenschwester.

Nun konnte sich ihr Berufswunsch erfüllen. Fátima bewarb sich bei einer Missionsgesellschaft und fand ihren Platz auf einer Missionsstation in Südamerika. Mehr als dreißig Jahre lang arbeitete sie als Krankenschwester bei einem Indianerstamm in Brasilien in einem Gebiet, das medizinisch völlig unterversorgt war.

Die Kinder von Mbalizi

Susanna Joos

Klatschen, Singen und Stampfen, untermalt von Schlagzeug und einer klangvollen Melodie, die auf einem Klavier gespielt wurde, erfüllten den Raum der kleinen Kirche in Mbalizi im Osten von Tansania. In ihren bunten Kleidern bildeten die Kinder der Sonntagsschule einen fröhlichen Kontrast zu dem grauen Lehmboden. Rhythmisch klatschten sie in die Hände und tanzten zu den Klängen der Lieder. Selbst die Kleinsten versuchten sich schon an den Schrittfolgen der älteren Kinder, die sich mit viel Begeisterung zu der Musik bewegten. Alle wirbelten umher. Was den Eindruck machte, als würde ein großes Fest gefeiert, war die ganz normale Sonntagsschule der evangelischen Kirchengemeinde in Mbalizi. Dort trafen sich jeden Sonntag über fünfzig Kinder, um gemeinsam zu singen, zu lernen und Geschichten der Bibel zu hören.

Fast hatte man den Eindruck, als würden die Kinder in Tansania mit Musik im Blut geboren. Für Anna, eine der Leiterinnen dieses Treffens, war dieser geballte Ausdruck von Lebensfreude nichts Besonderes; als Afrikanerin ließ sie sich selbst von den rhythmischen Klängen anstecken und tanzte und klatschte wie selbstverständlich mit. Dabei hatte sie als Verantwortliche die Fäden in der Hand und versuchte, jedes einzelne der Kinder im Blick zu haben. Lächelnd beobachtete sie, wie eines der kleineren Kinder konzentriert seine große Schwester einige Minuten ansah und dann etwas unbeholfen zunächst in die Hände klatschte und dann fröhlich tapsend die Tanzschritte kopierte.

Nach einer Weile wurde es auf ein Zeichen von Anna allmählich leiser. Die Musik verstummte und langsam beruhigten sich die Kinder, setzten sich und hörten konzentriert zu, was ihnen von ihrem Lehrer Mussa erzählt wurde.

Anna wusste, wie beliebt die Sonntagschule dort im Hochland von Tansania bei Kindern und Eltern war. Viel Interessantes und Lehrreiches erfuhren die Kinder; Wissen, das ihnen und ihren Familien half, das Leben leichter zu bewältigen. Dabei kamen Spaß und Freude nicht zu kurz. Es ging oft lebhaft und laut zu und die Erzählungen wurden vom Lachen der Zuhörer unterbrochen.

Aber an jenem denkwürdigen Sonntag im Sommer 2004 war alles anders. Die fröhliche Gemeinschaft wurde immer wieder von lautem Weinen übertönt. Ärgerlich drehten sich einige der Kinder zu dem Störenfried um.

Anna, deren Aufgabe es war, für Ruhe während des Unterrichts zu sorgen, machte auch bald die Ursache aus. Eine der älteren Teilnehmerinnen der Sonntagschule trug auf dem Rücken ein Kleinkind, so wie dies oft der Fall war. Viele Mädchen hatten schon früh Verantwortung für ihre jüngeren Geschwister zu übernehmen, das war völlig normal, und meist störte sich niemand an dieser Praxis. Doch dieses Kind schien sich überhaupt nicht wohlzufühlen und machte seinem Ärger lautstark Luft – so laut, dass es alles andere übertönte. Unmut machte sich unter den Kindern breit. Die Stimmung schien allmählich zu kippen. Aus dem fröhlichen Miteinander wurde eine unkonzentrierte Gruppe. Alle Versuche, den Schreihals zu beruhigen, schlugen fehl. Anna hatte Mühe, den Lärm zu übertönen und sich Gehör zu verschaffen. Die fröhliche Stimmung unter den Kindern war bald wie weggeblasen und der Ärger über den kleinen Störenfried nahm überhand. Nur mit Mühe konnte Anna die Sonntagsschule schließlich beenden.

Nach der Veranstaltung war das junge Mädchen mit dem Säugling auf dem Rücken schnell verschwunden. Es hatte keine Gelegenheit zu einem Gespräch gegeben. Anna seufzte und schüttelte unwillig den Kopf. So konnte das nicht weitergehen! Das Geplärr hatte den ganzen Vormittag massiv gestört. Es konnte doch nicht sein, dass alle anderen Kinder unter diesem Lärm litten und dass der Sonntagvormittag, der Höhepunkt jeder Woche, auf diese Weise zum Desaster wurde.

Am nächsten Sonntag war das Mädchen mit dem Baby wieder da. Und wieder war sein Geschrei lautstark zu hören. Doch dieses Mal ließ Anna die beiden nicht so einfach verschwinden. Sie nahm sie liebevoll zur Seite und fragte das junge Mädchen: „Ihr beiden stört die ganze Veranstaltung. Kannst du denn das Kind nicht beruhigen?"

Doch das Mädchen schwieg. Statt einer Antwort liefen Tränen über sein Gesicht. Anna wartete geduldig, während noch immer jammernde Laute aus dem Mund des Babys kamen.

„Wir haben seit drei Tagen nichts mehr zu essen. Unsere Eltern leben nicht mehr und die Pflegefamilie, bei der wir untergekommen sind, hat selbst nicht genug. Unser Bauch tut so weh!"

Die schluchzenden Worte ihres Gegenübers schnitten

Anna ins Herz. Sie wusste um die unbeschreibliche Not der Aidswaisen, die mit ihren Problemen oft völlig alleingelassen wurden – doch so direkt damit konfrontiert zu werden, das war eine ganz andere Erfahrung. Alle aufmunternden Worte blieben ihr im Hals stecken. Betroffen gab sie dem Mädchen etwas Geld, um Essen zu kaufen, und verabschiedete sich von den beiden. Nur allzu deutlich war sie sich jedoch bewusst, dass dies keine Lösung für das Problem war. Sie konnte die beiden nicht auf Dauer finanziell unterstützen; zudem gab es noch viel mehr Kinder und Jugendliche in ähnlich prekären Situationen. Schnelle Hilfe war hier gefragt, das war klar, doch woher sollte sie kommen?

Anna zerbrach sich den Kopf. Wie so manches Mal, wenn sie nicht mehr weiterwusste, wandte sie sich an Susanna, eine Schweizer Missionarin, die schon seit vielen Jahren hier in Mbalizi arbeitete und die schon so oft Antwort und Hilfe parat gehabt hatte, wenn Anna ihren Rat suchte. Bei Susanna fand sie tatsächlich ein offenes Ohr.

Bald wurde die Not der Aidswaisen zu Susannas persönlichem Anliegen. Sie merkte: Diese Kinder konnte sie unmöglich ihrem Schicksal überlassen. Hier war schnelle und praktische Hilfe gefragt.

Hatte nicht Jesus selbst sich ganz besonders um die Kinder und die Schwächsten gekümmert? Hatte er nicht gesagt: „Was ihr getan habt meinen geringsten Brüdern, das habt ihr mir getan."?

Einige Tage später hatte Susanna Joos einen weitreichenden Entschluss gefasst: „Wir dürfen die Kinder nicht nur mit Worten abspeisen. Hunger ist etwas Furchtbares. Wir haben Verantwortung für das körperliche Wohlbefinden der Kinder. Sie brauchen praktische Hilfe." Mit engagierten Worten brachte Susanna die Not der Aidswaisen vor die Kirchenleitung der afrikanischen Kirche, deren Motto lautete: „Wir wollen Gott dienen und den Menschen helfen." Nach einigen skeptischen Rückfragen fand sie mit ihrem Anliegen tatsächlich Gehör.

Die Kirchenleitung war bereit, ein solches Unternehmen unter der Leitung von Susanna Joos in Angriff zu nehmen. Dies war der Beginn eines Projekts, das unzähligen Kindern in Mbalizi nicht nur Nahrung, sondern auch Hoffnung und Zukunft gab.

Zunächst organisierte Susanna für die Waisenkinder zweimal in der Woche eine warme Mahlzeit. Bald gab es täglich Essensausgaben. Susanna erkannte jedoch, dass die Pflegefamilien oft selbst kaum in der Lage waren, für sich selbst zu sorgen, geschweige denn noch einem zusätzlichen Familienmitglied Heimat zu bieten. So beschloss sie, den Familien, die ein Waisenkind bei sich aufnahmen, Hilfe in Form von Nahrungsmitteln zukommen zu lassen.

Dies alles war natürlich nicht zum Nulltarif erhältlich. Im Lauf der Jahre baute Susanna in Europa einen Unterstützerkreis auf. Immer mehr Menschen erklärten sich bereit, als sogenannte Paten einem Kind in Mbalizi zu helfen. Heute werden in dem Projekt, das den Namen *Hope Group* – übersetzt: Hoffnungsgruppe – trägt, etwa 200 bedürftige Kinder unterstützt. Sie erhalten nicht nur Essen und Kleidung, sondern auch die Möglichkeit zum Schulbesuch und zum Abschluss einer Ausbildung.

Inzwischen haben die ersten der Jugendlichen der *Hope Group* bereits die Schule verlassen, eine Ausbildung absolviert und sind in der Lage, ihr Leben selbstständig zu leben.

Ein Gebet verändert einen Buchladen

Christian Heinritz

Als Christian Heinritz Ende der 80er-Jahre in Nürnberg vor dem *Jesus-Lobpreis-Laden* stand, war er zunächst einmal ziemlich enttäuscht. Er hatte zwar keine ganz genaue Vorstellung gehabt, was er unter diesem doch sehr ungewöhnlichen Firmennamen erwarten sollte – aber ganz sicher keinen ehemaligen Metzgerladen!

Eigentlich war er auf der Suche nach einem Job. Nach seiner Schulzeit hatte er erfolgreich eine Ausbildung zum Buchhändler absolviert. Dann kam eine turbulente Zeit in seinem Leben. Christian hatte schließlich zum Glauben an Jesus Christus gefunden und einige Zeit in der evangelischen Kommunität *Jesus-Bruderschaft* gelebt. Nun wollte er sich neu orientieren. Auf der Suche nach einem Arbeitsplatz war er auf die Stellenanzeige jenes etwas seltsam anmutenden *Jesus-Lobpreis-Ladens* gestoßen.

Diesen Namen fand er sehr originell; er war neugierig, was sich dahinter verbarg. So machte er sich auf den Weg nach Nürnberg. Auch wenn er sich in beruflicher Hinsicht keinerlei Hoffnung machte, wollte er doch wissen, was es in diesem ominösen Laden zu kaufen gab. Als er schließlich an der angegebenen Adresse im alten Arbeiterviertel Gostenhof ankam, fand er einen ehemaligen Metzgerladen mit christlicher Literaturauslage vor. Enttäuscht musste er feststellen, dass es im Laden zappenduster war. Nach einem kurzen Zögern stieg Christian trotzdem die drei Sandsteinstufen hinauf, drückte die Türklinke und stand mitten in einem dunklen Raum. Jetzt war ihm doch ein wenig unheimlich zumute. Er machte auf dem Absatz kehrt und wollte leise wieder hinausschleichen, als sich im hinteren Teil eine Tür öffnete.

Ein junger Mann erschien und sagte im schönsten fränkischen Dialekt: „Servus! Du, eigentlich hammer zu, weil mer grad a Gebetsmeeting ghabt ham, aber wennst scho mal da bist, kannst di gern umschauen, ich muss eh no aufräumen."

Das ließ sich der junge Buchhändler nicht zweimal sagen. Während er interessiert in den Büchern und Schallplatten stöberte, erzählte er ein wenig aus seinem Leben und dass er als Buchhändler auf der Suche nach einem Arbeitsplatz sei.

Jetzt war sein Gesprächspartner wie elektrisiert. Er bat Christian Heinritz in sein Büro, wo seine Frau mit einem Gast bei einer Tasse Kaffee saß.

Um eine lange Geschichte kurz zu machen: Eine Stunde später verließ der junge Buchhändler den *Jesus-Lobpreis-Laden* als frischgebackener erster Sortimenter mit einem kostenlosen Platz in einer WG, allerdings ohne festes Einkommen. Letzteres beunruhigte ihn nicht weiter, da er unabhängig war und glücklich über diese neue Aufgabe.

Er erzählt: „Was dann kam, war eine tolle Zeit unter Gottes – wie wir damals gesagt hätten – fettem Segen. Gemeinsam brachten wir den Laden kräftig voran. Wir zogen bald in die Gegend am Nürnberger Hauptbahnhof um und wurden dort ein Stachel mitten im Fleisch des Rotlichtviertels. Die

Tür, die ich damals geöffnet hatte, war nur deshalb nicht abgeschlossen, weil wenige Minuten zuvor der letzte Teilnehmer eines übergemeindlichen Gebetstreffens den Laden verlassen hatte. Ein Gebetstreffen, das der Ladenbesitzer einberufen hatte, weil er als gelernter Klempner das wachsende Buchgeschäft und die fachlichen Herausforderungen nicht mehr allein bewältigen konnte. Und die anwesenden Pastoren hatten einfach mal gebetet für so etwas vollkommen Unrealistisches wie – idealerweise – einen gelernten Buchhändler, der mit dem christlichen Glauben was anfangen konnte, der frei war, um sofort einzusteigen, und der nicht auf das große Geld aus war."

Gott hatte dieses Gebet auf ganz außergewöhnliche Weise erhört.

Für den jungen Buchhändler war dieser unkonventionelle Berufseinstieg ein sehr wichtiger Schritt. Er bekam die Chance, gleich bei seiner ersten Stelle nach seiner Ausbildung ein komplettes Sortiment entscheidend mitzugestalten. Für ihn war es ungeheuer motivierend zu beobachten, wie er durch seine Fachkenntnisse mithelfen konnte, das Geschäft auf eine solide wirtschaftliche Basis zu stellen. Diese Erfahrungen halfen ihm, um in den folgenden Jahren eine Buchhandelsfiliale zu leiten, eine Katalogredaktion zu übernehmen und schließlich in einen Verlag zu wechseln.

Christian Heinritz berichtet: „Im weiteren Verlauf meiner Tätigkeit als Buchhändler und Verlagsmitarbeiter habe ich immer wieder die Erfahrung gemacht: Nicht nur, aber auch in unserer Branche darf jeder Mitarbeiter damit rechnen, dass Gott außergewöhnliche Wege mit uns geht, um sein Wort – unter anderem auch durch Bücher – ans Ziel zu bringen."

Der Traum von einem Bauernhof

Cornelia und Alli Thorsteinsson

Es war an einem Sommertag im Jahr 2001. Cornelia und Alli machten sich mit ihren drei Kindern auf den Weg zu ihrer neuen Heimat im Norden Islands. Hinter ihnen lag eine turbulente Zeit und vor ihnen eine ungewisse Zukunft.

Das Lehrerehepaar hatte mehrere Jahre lang engagiert und begeistert in einer Kirchengemeinde im Osten Islands gearbeitet. Viel Zeit und Energie hatten sie in ihre Arbeit gesteckt. Doch irgendwann begann sich das Projekt in eine Richtung zu entwickeln, die sie nicht mehr mittragen konnten. Aus der ursprünglichen Begeisterung wurde bittere Enttäuschung. Mutig brachten sie die Missstände zur Sprache und mussten erfahren, dass ihre Kritik nicht gut ankam. Im Gegenteil! Nun wurden sie selbst zum Opfer und von der Gemeindeleitung massiv unter Druck gesetzt. Bald erkannten sie: So konnte es nicht weitergehen, denn ihre Gesundheit, ja die Existenz der ganzen Familie stand auf dem Spiel. Hier konnten sie nicht mehr arbeiten und nicht mehr wohnen. Es war für sie überlebensnotwendig, eine neue Bleibe und einen neuen Arbeitsplatz zu finden. Aber wohin sollten sie gehen?

Über ein Jahr wälzten die beiden viele Gedanken hin und her und überlegten, wie ihre Zukunft aussehen sollte. Allmählich kristallisierte sich beim Nachdenken, Reden und Beten immer mehr der Wunsch nach einem eigenen Bauernhof heraus, auf dem sie als Familie eine neue Heimat finden könnten. Einen Arbeitsplatz in der Nähe des Hofes bräuchten sie als Lehrerehepaar auch noch. Immer konkretere Formen nahmen diese Vorstellungen an und sie merkten, wie sie sich für diesen Plan begeisterten.

Schließlich schrieb Cornelia auf, wie ihr Traumbauernhof aussehen sollte: Sie wünschten sich einen Hof in der Nähe der Großeltern, nicht zu abgelegen, mit einer Schule in der Nähe – keine Selbstverständlichkeit in Island! –, mit viel Platz, um Bäume zu pflanzen, groß genug, dass jedes Kind ein eigenes Zimmer hatte … und bezahlbar sollte dieser Traumhof auch noch sein.

Am Ende ihrer Liste fiel ihnen noch ein ganz besonderes Anliegen ein.

Cornelia erzählt: „Wir träumten von heißem Wasser. Das gibt es in Island an vielen Stellen und kann im Idealfall zum Heizen genutzt werden und sogar, um draußen ein kleines Becken damit zu füllen, den ,heißen Topf'. Darin baden die Isländer mit Wonne zu jeder Tages- und Nachtzeit und auch zu jeder Jahreszeit – wie gesagt, ein Traum."

Die Liste kam ihr etwas lang und ein wenig unverschämt vor. Sie legte ihren Zettel in ihre Bibel, warf ab und zu einen Blick darauf und war ansonsten ziemlich gelassen. Eines Tages fiel dieser „Wunschzettel" ihrem Schwiegervater in die Hände. Dieser kommentierte: „Ich glaube ja auch, dass Gott alles kann und dass er es gut mit uns meint – aber meinst du nicht, liebe Schwiegertochter, dass du da ein bisschen übertrieben hast?"

Ein weiteres Jahr verging, dann entdeckten Alli und Cornelia eine Anzeige in der Tageszeitung. Ein Hof wurde angeboten, der zwar nicht alle, aber doch einige ihrer Wünsche abdeckte. Sie machten sich auf zu einer Besichtigung. Doch das Objekt entsprach absolut nicht ihren Bedürfnissen und Vorstellungen. Enttäuscht verließen sie das Anwesen wieder, nachdem ihnen auch der Immobilienmakler davon abgeraten hatte. Er erwähnte jedoch auf dem Rückweg nebenbei noch einen anderen leer stehenden Hof.

Also machten sie sich einige Wochen später nochmals auf den Weg mit ihrer Wunschliste in der Hand. Staunend erkannten sie, dass alles, was auf der Liste stand, auf diesem Bauernhof vorhanden war. Nur ein einziges Detail stimmte nicht: Anstatt der gewünschten drei gab es auf diesem Hof vier Kinderzimmer. Doch auch dafür gab es bald eine Erklärung: Eine Woche nach dem Besichtigungstermin stellte Cornelia voller Freude fest, dass sie schwanger war und ihr viertes Kind erwartete, das sie sich so sehnlichst gewünscht hatten! Noch heute müssen Alli und Cornelia schmunzeln, wenn sie an diese Situation denken.

Aber die Geschichte war damit noch nicht zu Ende, denn dieser Bauernhof gehörte dem Staat und durfte deshalb nicht privat verkauft werden. Es musste eine offizielle Ausschreibung stattfinden. Mittlerweile drängte die Zeit. Cornelia und Alli mussten sich entscheiden, ob sie ihren Arbeitsplatz und ihre Wohnung trotz aller Unsicherheiten kündigen sollten. Als sie genau dies taten und bereits begannen, ihre Sachen zusammenzupacken, schüttelten viele Bekannte verständnislos den Kopf. Doch Cornelia und Alli waren überzeugt: Dies war ihr Hof, dort war ihr Platz.

Nun war Geduld gefragt, denn die Ausschreibung ließ auf sich warten. Sie fragten beim zuständigen Minister nach. Sie erhielten sogar die Handynummer dieses wichtigen Mannes. Sie erreichten ihn im Urlaub; er versprach, sich um den Fall zu kümmern – und vergaß die ganze Sache. So blieb ihnen nichts anderes übrig, als geduldig abzuwarten. Die ganze Angelegenheit entwickelte sich zu einer unglaublichen Nervenprobe.

Endlich wurde der Hof offiziell ausgeschrieben. Alli und Cornelia hatten keine Ahnung, wie viel der Hof wert war, und sie besaßen nur wenige Ersparnisse. Aber sie wollten das Anwesen unbedingt und gaben ihr Angebot ab.

Die Spannung stieg, denn es gab noch neun weitere Bewerber. Nun zeigte sich zu ihrer Enttäuschung, dass ihr Angebot nicht das höchste war, und so erklärte der zuständige Jurist: „Sie erhalten diesen Hof nicht." War nun alles umsonst gewesen? Hatten sie vergeblich gehofft? Hatten sie sich etwa getäuscht?

Aber so schnell gaben die beiden nicht auf. Noch einmal ging Alli zur Bank und ließ wieder und wieder alles durchrechnen. Schließlich erhielt er vonseiten des Geldinstituts die Bestätigung, dass sein Angebot aufgrund besserer Zahlungsbedingungen um wenige Euro höher war als die übrigen Gebote. Ausgiebig prüfte das zuständige Ministerium die Unterlagen, während Cornelia und Alli bereits den Umzug organisierten, Kisten packten und den Transporter bestellten. Nachdem die heiß ersehnte Zusage endlich da war, verließen sie mit Sack und Pack ihre Wohnung und zogen in den Norden Islands. Erst eine Woche nach ihrem Einzug erhielten sie eine offizielle Bestätigung und den Kaufvertrag. Im Rückblick können sie nur noch staunend den Kopf schütteln über diese Situation.

Inzwischen gehört zu dem Hof ein gut frequentiertes Gästehaus mit einem schönen Campingplatz, wo sich ihre Gäste an Leib und Seele erholen können. Um den Hof ist ein richtiger Wald entstanden. Cornelia und Alli haben schon Tausende von Bäumen angepflanzt, denn in Island wird nach jahrhundertelanger Waldlosigkeit langsam wieder in großem Stil aufgeforstet – ein Projekt, das die beiden mit viel Freude unterstützen.

Cornelia erzählt: „In den vergangenen Jahren war nicht immer alles einfach. Aber wenn man erlebt, dass Gott unser kleines Leben kennt und uns so sehr liebt, dass er gute Wege mit uns geht und dass er den richtigen Zeitplan hat – dann erweitert das den eigenen Blickwinkel, macht Mut und lehrt Geduld. Es ist unsere Erfahrung, für die wir immer wieder danken und uns ins Gedächtnis rufen: Wir kennen Gottes Pläne nicht. Wir haben nicht seine Zeitvorstellung. Wir sind ziemlich beschränkt in unseren Plänen und Wünschen, in unseren Enttäuschungen, in unsrer Not und unseren Vorstellungen. Aber er weiß, wohin er uns leiten will, er weiß, was wirklich wichtig und gut ist. Gott wird's gut machen, auf seine Art und zu seiner Zeit. Das ist unsere Erfahrung."